MICHEL POUJADE

CONDITIONNEMENT PHYSIQUE

pour le sportif opérationnel

Préfaces :

Philippe CROIZON

Médecin Général (2s)
Claude BARES

Capitaine de vaisseau (h)
Jacques FOURNIOL

amphora
27 rue Saint-André-des-Arts - 75006 PARIS

Joseph Kessel

L'armée des ombres

Roman adapté à l'écran par le réalisateur Jean-Pierre Melville.

La guerre, la résistance, un champ de tir à Lyon.

Lino Ventura

"Je ne veux pas courir, non je ne courrai pas..."

Des balles, une corde, l'ultime effort pour vivre...
et s'extraire sur le fil, de la force de folie des hommes.

C'est le point d'ancrage de cet ouvrage.

à la mémoire de ces femmes et de ces hommes d'action,
à Mathilde.

REMERCIEMENTS

Mo anam cara, Sandrine, pour ton scintillement,

Merci chers parents pour votre lecture de vie, mes enfants, Marion, Antoine, Chloé pour votre enthousiasme,

À toi Alexandre, Bernard sur tes sommets, Charles et famille de Schwarzenburg,

À Louis, pour ton combat,

À mes amis le capitaine de vaisseau Jacques Fourniol, le Médecin Général (2s) Roland Carlioz,

À l'homme d'action, le Docteur Xavier Maniguet,

À Renaud Dubois et l'équipe sportive des éditions AMPHORA,

Sans oublier ceux dont la fonction ne me permet pas de les nommer,

Pour vous les OPS.

Conception maquette : alphastudiocom.com (La Rochelle)
Photo de couverture : Groupe d'intervention en action
Photos et illustrations : Michel Poujade
Imprimé en Europe par Epel (Hendaye)

ISBN : 978-285180-906-3

SOMMAIRE

FROG® (Force, Résistance, Opérationnel, Gain)
est un concept de conditionnement physique
conçu pour les sportifs opérationnels,
créé et déposé par l'auteur.

TIP® (Techniques Intensives Physiques)
est une méthode et des outils de conditionnement
physique développées et déposées par l'auteur
autour des notions de Choc-Protection-Mobilité.

PRÉFACES

Philippe CROIZON

Nageur longue distance, amputé des quatre membres en 1994 à la suite d'une électrocution.

En 2010, il traverse la Manche à la nage. En 2012, avec son compagnon Arnaud Chassery, il relie les cinq continents à la nage

Animateur de conférences sur le dépassement de soi et le handicap.

Le dépassement de soi, je n'ai pas eu le choix... C'était transcender mon handicap ou mourir. J'ai décidé de vivre mais, dans ces circonstances, tout ne va pas forcément de soi. Il faut livrer un assaut, une bataille, une guerre pendant des années. On peut être civil et mener de terrifiants combats. Contre un ennemi invisible : le souvenir ! Le souvenir de ce qu'on a été, de ce qu'on ne sera plus.

Le feu de l'action, je l'ai éprouvé. À ma façon. Pas d'arme pointée sur moi. Juste le mât d'une antenne télé entre les mains qui, parce qu'elle s'est trop approchée d'une ligne électrique, m'a promis la peine maximale. 1994 : électrocution et amputation massive des quatre membres. Amputé mais pas pour autant diminué... Pour le savoir, pour le comprendre, pour le sentir, il m'a fallu du temps, des années...

Quelques semaines après mon accident, un jour sur mon lit d'hôpital, émergeant quelques instants d'un coma artificiel et prolongé qui m'a maintenu pendant des mois dans des limbes apaisantes, je regarde mon écran télé : une jeune fille de 17 ans vient d'achever la traversée de la Manche à la nage. Cette image ne me quittera plus. Moi, à peine nageur, je sais qu'un jour je serai à sa place... Le sport, facteur majeur de résilience.

C'est donc la natation qui va me sortir de presque quatorze ans de mutisme passif. Lorsqu'en 2008, je prends la décision de traverser la Manche à la nage, je sais que j'accède à la délivrance. Et pourtant j'ai quarante ans et suis devenu, par la force des choses, un "athlète canapé". Le sport m'a sauvé, à la fois physiquement et moralement. Assis : des brûlures d'estomac. Trop gros : mal au dos. Inactif : impossible de dormir. Un remède pour chaque mal, des pilules de toutes les couleurs. Et, du jour au lendemain, à partir du moment où j'ai commencé à nager, j'ai mis au rebut tous ces médicaments qui croyaient me soigner. En pratiquant le sport à haute dose, le corps ne vise qu'un seul objectif : récupérer ! Plus de place pour les petits bobos et autres inconforts ! Même si c'est dur, même si tu chiales, même si tu hurles, tu continues. Je ne fuis pas devant cette douleur car je suis persuadé qu'elle va changer ma vie.

Je ne suis plus victime mais dans une démarche volontaire. Ni sado ni maso, juste plein d'espoirs... J'ai la volonté, au jour le jour, de tout mettre en œuvre pour y arriver. C'est justement ça le secret : "au jour le jour". Dans le dépassement de soi, il ne faut pas se projeter à plus d'une journée, de la même façon que lorsque je suis en train de nager, je suis dans l'instant, sans imaginer où je serai la seconde d'après. Le pouvoir du moment présent. Pas de passé, pas de futur. Dans un tel état d'esprit, la douleur ne dure qu'une seconde, la suivante pas plus d'une seconde non plus, et ainsi de suite. Je deviens un robot, plus question de réfléchir. Y aller, y aller, y aller...

Grâce à mon staff, grâce à mes proches, grâce à Suzana, mon nouvel amour, j'ai pu aller au bout de mes folies. Rien ne se réussit seul. Alors, le 18 septembre 2010, après deux ans d'entraînement intensif, j'ai traversé la Manche à la nage, 13 heures 26 minutes d'un effort surhumain. Et puis, parce que j'avais été contaminé par le virus, lors de l'été 2012, j'ai relié les cinq continents à la nage. Quatre traversées aux côtés de mon ami Arnaud Chassery, nageur valide. Cette aventure fraternelle s'est achevée dans le Détroit de Béring, en Alaska. J'ai compris, dans ces eaux glacées du bout du monde que, pour achever un tel exploit, j'étais capable d'y laisser la vie. De mon plein gré... Lorsqu'on est Homme, aller au bout de ses rêves les plus fous est parfois à ce prix...

Qui aurait pu croire une telle chose possible, à la sortie de mon canapé ?
Et pourtant même moi quand je me retourne, très souvent je me dis, c'est moi qui ai fait ça ? Ce n'est pas prétentieux de ma part de dire que rien n'est impossible !!!
Vous allez retrouver dans le livre de Michel Poujade toutes les étapes du conditionnement physique pour devenir un sportif opérationnel, toutes les étapes que j'ai rencontrées.

Philippe CROIZON

Médecin Général (2s)
Claude BARÈS

Médecin chef du commando Hubert,
Médecin chef du Commandement des opérations spéciales,
Médecin Chef de la Force d'Action Navale,
Commandant de l'École du Personnel Paramédical des Armées,
Nageur de combat, chuteur opérationnel, plongeur profond.

C'est avec un plaisir affirmé que je préface un ouvrage placé sous le sceau de l'originalité et du professionnalisme, livre didactique et fort bien documenté.

Ce manuel aborde des domaines diversifiés dont celui de la physiologie de l'exercice musculaire du "sportif opérationnel" en situation de stress.

Cet ouvrage, s'il est dédié à tous, s'adresse particulièrement aux hommes de terrain, ces oubliés de l'ère moderne. Aussi je cite volontiers l'auteur : "être combatif c'est pouvoir se projeter dans l'instant et dans l'avenir pour agir sans condition et atteindre sans limite l'objectif que vous vous êtes fixé."

Je sais par expérience que Monsieur Poujade s'est toujours impliqué et appliqué de même dans la rééducation des grands blessés de la vie selon le terme consacré, conséquence ici de pratiques à hauts risques (nageurs de combat, chûteurs opérationnels, plongeurs à grande profondeur…), la rééducation prend alors sa large part et elle a inscrit dès lors ses plus belles lettres de noblesse…

Je sais là aussi ce que certains lui doivent grâce à ses qualités humaines, professionnelles et surtout sa parfaite appréhension du monde militaire au sein duquel il évolue à merveille, et ce livre est l'illustration de ce savoir-faire, de ce savoir-être.

Plutôt que l'architecte souverain d'un château d'idées que l'on visiterait sagement, cet auteur praticien reste un fabricant d'outils, au sens étymologique du mot, le prolongement de la pensée. Cet outil, chacun peut le prendre en main, le faire fonctionner à sa façon, le faire fructifier à sa manière.

La lutte contre tous les enfermements demeure sans contexte sa ligne de force principale, et elle ne s'adresse pas à des silhouettes reléguées dans l'invisible. En d'autres termes, ce livre est une boîte à outils qui donne prise sur certains défis du moment, à savoir l'opérationnel accompagné de son cortège de contingences, de risques, de facteurs d'adaptation.

La leçon que je retiendrai de cette lecture instructive réside dans cette attitude : vouloir comprendre la machinerie humaine, comment elle s'est mise en place, rouvrir ainsi la possibilité de la mettre en mouvement.

Au total je ne peux que conforter l'auteur dans sa démarche, ses propos, ses solutions proposées en phase avec le réel et le possible, tout cela pour un vécu de situation bien particulière : le combat, l'abnégation de soi au profit de l'autre ou du groupe à l'heure d'une civilisation de toutes les tentations, du confort, de l'immédiateté, du refus des contraintes, de l'individualisme.

Je ne saurais terminer sans évoquer les termes désormais désuets de compétence, de volonté, de savoir... mots qui transpirent à chaque page d'un bien bel ouvrage.

Médecin Général Claude BARÈS

Capitaine de vaisseau (h)
Jacques FOURNIOL

Commandant du Premier groupe de plongeurs démineurs et de son bâtiment-base Magnolia,

Chef de la division des plongeurs profonds du Groupe d'intervention sous la mer et commandant de son bâtiment-base Myosotis,

Commandant du chasseur de mines Sagittaire,

Commandant du Groupe d'intervention sous la mer GISMER.

Parachutiste, plongeur démineur, plongeur opérationnel par système, ingénieur en génie océanique.

J'ai eu en fait trois accidents qui auraient pu m'être fatals ! Un pratiquement tous les vingt ans. En 1979, j'ai sauté sur une mine en baie de Seine, lors d'un contre-minage d'un engin allemand de la deuxième guerre mondiale. En 1993, j'ai eu un accident de décompression médullaire massif non mérité. Début 2013, j'ai chuté de douze mètres de haut d'un télésiège en pratiquant le ski assis. Le Bon Dieu n'a toujours pas voulu de moi ! Rendez-vous dans 20 ans !

Le 22 juin 1993, je sors de l'eau, complètement flasque, après une plongée d'entraînement de routine, ayant quand même réussi à faire mes paliers de décompression après une remontée à vitesse normale. C'était une de nos dernières plongées car le GISMER allait être dissous quelques jours plus tard... J'ai sauvé ma peau grâce à une recompression sur zone et, malgré une nuit en traitement hyperbare sous oxygène, je me retrouve complètement tétraplégique... Un an plus tard, après une très longue hospitalisation, je marche à nouveau, avec deux cannes, très fortement ralenti dans mes mouvements par une spasticité d'enfer. Je la combats depuis et je la combattrai toujours grâce à une forte dose d'un médicament. Si je ne le prends pas pendant une semaine, je me retrouve à nouveau tétraplégique, mais cette fois complètement rigide... C'est la chimie qui me fait me mouvoir !

Je suis donc un cas très rare de tétraparésie spastique. Rare, parce qu'en plongée loisir ce type d'accident de décompression mène à une mort certaine par insuffisance respiratoire aiguë pendant le transport vers un centre hospitalier équipé d'un centre hyperbare médicalisé. Plusieurs dizaines de plongeurs sportifs en sont victimes chaque année, en particulier le long des côtes méditerranéennes où la dangerosité de cette activité est gommée par des conditions météo-océanographiques faciles. Les plongeurs professionnels de la Marine nationale ont sur tous leurs chantiers un caisson de recompression qui les tire bien souvent d'un mauvais pas. Bien qu'utilisant un fauteuil roulant manuel, cette paralysie "rigide" me permet néanmoins de me tenir debout assez longtemps et de faire quelques pas.

Michel Poujade me fait l'insigne honneur de préfacer son ouvrage. Rien d'étonnant. Nous nous sommes liés d'une indéfectible amitié. Notre complicité nous a amenés à partager nos passions. Il m'accompagne en ski assis. Il court à côté de mon tricycle manuel à aide électrique. Il palme à mes côtés lorsque je nage avec mes mains palmées. Nous sortons ensemble, chacun pagayant de concert sur nos kayaks.

Cette forme physique, grâce à la pratique d'activités sportives et ludiques, ne se conjugue-t-elle pas à la notion de résilience qui doit être comprise comme étant une nécessité de conserver en toutes circonstances une capacité d'action et de récupération, et de bien connaître ses limites comme le décrit mon ami dans son manuel ?

Ma paralysie "rigide" est donc à la fois "topissime" et fantastique. C'est un réel plaisir que de vivre avec. Heureusement qu'elle m'accompagne à présent depuis vingt-et-un ans. Elle me fait bouger beaucoup plus que les valides de mon âge. Cet état psychique ne s'appaire-t-il pas à la notion de résilience popularisée par la psychologie ? Cette facilité à encaisser un choc puis à le surmonter comme mon ami l'aborde si bien dans son ouvrage.

Toutes mes activités physiques s'apparentent à la majorité des sports de glisse, ne mettant en jeu que très peu de force, par la coordination des gestes grâce à de subtils transferts d'appuis. Lors de conférences, j'ai coutume de dire que si je retrouvais mes jambes d'un coup de baguette magique, je continuerais à pratiquer le sport adapté au handicap, et en particulier le ski assis.

La pratique de ces activités, qui sont de véritables machines à reconstruire la forme physique comme psychique, fait aussi appel à l'environnement dans lequel elles se pratiquent : la mer et la montagne lavent la tête ! Si ces environnements ne sont pas disponibles, il suffit de mentaliser un cadre choisi par la pratique de l'autorelaxation et aussi de l'autohypnose en gérant son subconscient. S'offrent alors les activités bien aimées d'avant le traumatisme comme le footing, la randonnée en montagne, la plongée sous-marine, le motocyclisme, etc. S'offrent aussi alors toutes les activités en trois dimensions comme le vol de l'oiseau, la chute en parachutisme, le parapente, etc.

Enfin, l'handisportif est reconnu, respecté, admiré, je n'hésite pas à l'affirmer, même si ma modestie doit en prendre un mauvais coup ! Alors que ce n'est vraiment pas le cas dans la vie sociale civile et encore moins dans l'activité professionnelle où le travailleur handicapé est considéré comme un demi-homme...

Bien que ne vivant plus dans le même espace-temps que les valides, j'utilise intrinsèquement toutes les méthodes décrites dans ce livre très riche en explications.

À propos du conditionnement physique du sportif opérationnel, j'irais volontiers plus loin que Michel Poujade. Le sportif opérationnel doit aussi se préparer mentalement à se réadapter à une seconde vie d'homme handicapé en raison d'un accident ou d'une maladie qui peuvent survenir à tout instant. La vie reste un jeu. Il faut travailler son allant, sa combativité et sa volonté pour en profiter à fond, pour vaincre l'immobilisme latent de notre société actuelle. C'est le secret d'une vie "plaisante" pour améliorer son bien-être, pour améliorer sa santé physique et psychique, pour se faire plaisir.

Ma maxime préférée : plus tu bouges, plus tu bouges !

L'ouvrage de mon ami Michel Poujade révèle plusieurs niveaux de lecture, quelles que soient les capacités physiques et psychiques du lecteur. C'est important : aucun lecteur potentiel n'est laissé sur le bord du chemin.

Ce manuel est enfin emprunt d'une certaine philosophie de vie dans laquelle beaucoup de lecteurs devraient se retrouver très certainement.

Capitaine de vaisseau Jacques FOURNIOL

PRÉAMBULE

"Tout sport sérieusement pratiqué exige des épreuves, des privations, parfois sévères, une hygiène, une tension et une constance, mesurables par des résultats, en somme, une véritable morale de l'action qui tend à développer le type humain."

Paul Valéry

Être opérationnel, c'est être prêt en permanence pour l'action.

C'est, aussi, renforcer la confiance en soi par la combativité et l'aguerrissement à travers l'exercice physique fonctionnel utile et adapté aux contraintes de vos futurs engagements.

La condition physique est le socle du combattant. Faire du sport en toute sécurité, utiliser pleinement ses ressources, connaître ses limites, devenir un **sportif opérationnel**, c'est notre objectif, c'est votre but.

Je me suis souvent interrogé en prenant en charge des sportifs, spécialistes des métiers des armes, quant à leur capacité à résister à un stage commando, participer à des épreuves de sélections, dépasser leurs peurs et se transcender dans l'effort.

- *Qu'est-ce qui fait la différence entre la réussite à une épreuve sportive, à un stage d'aguerrissement physique, et son échec ?*
- *Pour quelles raisons certains combattants vont-ils se déconditionner suite à un manque de préparation physique, à un choc traumatique ou à un état de fatigue tandis que d'autres, au contraire, vont réussir à franchir le cap du dépassement de soi ?*
- *Sommes-nous toujours au meilleur de notre forme pour réaliser tous nos projets sportifs et nos missions opérationnelles ?*
- *Suis-je physiquement apte pour répondre dans l'instant à une situation d'imprévu ?*

Pour répondre à ces questions, ce guide de conditionnement physique vous propose de parfaire vos connaissances, tant sur les mécanismes d'adaptation, d'entraînement et d'optimisation de votre corps que sur la prise en compte des conditions environnementales, nutritionnelles et des risques inhérents à l'action.

Afin d'affronter les sollicitations du quotidien, et ainsi éviter les processus de déconditionnement physique liés aux modes de vie sédentaires, **en vous rendant responsable de votre santé**, notre mission consiste à solliciter l'ensemble de votre potentiel à l'effort, de vous aguerrir et de vous étonner en disant ***je l'ai fait***. Effectuer le ***bon geste au bon moment***, résister à un choc, esquiver une attaque, vous protéger et mobiliser toute votre énergie pour vous extraire mentalement et physiquement : notre concept de **conditionnement physique opérationnel tactique** se fonde sur la reprise en main de votre corps face à l'adversité.

Rien n'est le fait du hasard.

"Réveillez-vous, Sportifs, le danger approche !"

Pour des raisons de sécurité et de discrétion, afin de préserver la confidentialité des hommes et des femmes d'action, nous avons eu recours à la " simulation" pour le montage des situations.

Des mannequins de hautes fidélités militarisés, sans arme, reproduisent scrupuleusement l'exactitude des mouvements utiles et indispensables aux combattants, à partir de situations réelles rencontrées à l'entraînement et sur le terrain.

INTRODUCTION

Appareil respiratoire
type **F.R.O.G.S®**
Full Range Oxygen Gas System
Nageur de combat

FROG ?

Toujours au combat.

Le mouvement, et notamment la faculté de se mouvoir, est l'une des principales fonctions vitales des animaux, que ce soit pour capturer des proies ou échapper à un prédateur. L'homme, plus que l'animal, peut survivre dans un univers dégradé, de par sa capacité à se prémunir d'un éventuel danger en évoluant et en s'adaptant rapidement. Il a le potentiel réflexe pour se préserver et réagir de manière opportune face à une menace ou à une agression.

Pour introduire notre concept, il existe dans le milieu naturel un petit animal capable de se fondre et de s'adapter à n'importe quel environnement. Il possède une caractéristique morphologique indéniable pour sauter. Son pied étant plus long que la cuisse et la jambe associées, ce qui favorise une grande distance de poussée. Cet amphibien connu des Anglo-Saxons sous le terme "frog" n'est autre que notre grenouille nationale !

Du monde des batraciens à celui des hommes-grenouilles (frogmans), il n'y a qu'un saut.

Dans le milieu aquatique des combattants de l'ombre, les nageurs de combat empruntent au monde des "grenouilles" un appareil respiratoire à oxygène pur : le F.R.O.G.S ® (Full Range Oxygen Gas System). À l'expiration, l'air est filtré pour fixer le gaz carbonique avant de retourner dans le poumon de l'appareil : c'est le principe du circuit fermé ou recycleur. Cet appareil permet aux plongeurs d'armes de ne pas faire de bulles sous l'eau et ainsi de passer inaperçus lors d'une mission à caractère offensif.

À travers ces deux mondes si différents et pourtant si proches, il est intéressant de constater que ce qui différencie l'homme de l'animal est sans doute son aptitude à influer sur son milieu.

Il en est de même pour le sportif "engagé" qui, en sollicitant son corps en **Force** et en **Résistance**, devient **Opérationnel** et de cette façon optimise dans le temps son **Gain** physique et psychique **(FROG)**.

L'observation discrète du **monde combattant**, qu'il soit animal ou humain, a permis d'élaborer ce **concept original, novateur et unique**. Mis au point à partir de l'analyse de postures fonctionnelles propres aux métiers des armes, aux professions à risques, aux gestuelles de combat et de corps à corps, il vise à confronter le combattant aux difficultés physiques et psychologiques rencontrées à l'entraînement et sur le terrain en lui donnant la possibilité de prolonger son parcours opérationnel dans le temps.

Prévenir les blessures, améliorer la santé, optimiser la performance au combat, augmenter la capacité à produire un effort, résister au stress, reprendre son activité après un choc, notre concept se conçoit comme un outil dynamique d'appréciation de votre condition physique au quotidien.

Devenez un véritable **sportif opérationnel !** En améliorant votre forme physique par l'activation régulière de votre corps à l'effort. Agir devient pour vous de moins en moins difficile à mesure que vous répétez le mouvement (processus de drill).

Votre **aguerrissement** intervient après une phase de mise en condition physique poussée afin d'acquérir les capacités suffisantes pour supporter des intensités d'entraînements élevées.

Que vous soyez militaire et gendarme, sapeur-pompier ou policier, sportif engagé , hommes ou femmes d'action, vous exercez un métier ou un sport à fortes contraintes physiques et psychologiques, **vous êtes un combattant et vous avez un objectif unique : suivre le chemin de l'effort pour atteindre durablement la réalisation de soi.**

Soyez toujours acteur de votre forme, de vos émotions et de vos projets.

FROG

Force Résistance Opérationnel Gain

CONCEPT ?
FROG

↓

POUR QUI ?
Sportif opérationnel
novice - aguerri - élite

↓

MÉTHODE DE CONDITIONNEMENT

QUELS OUTILS ?
Techniques Intensives Physiques
choc - protection - mobilité

CONCEPT ? FROG

Ne rien faire à moitié.

À l'origine FROG est un **concept de conditionnement physique, d'aguerrissement et de combativité visant à améliorer la dynamique et la résistance individuelle de l'homme d'action.**

Il est le fruit de l'observation des milieux sportifs professionnels à fortes contraintes physiques que nous rencontrons dans le monde militaire et plus largement le milieu des professions à risques. Il est axé sur la condition physique exigée pour effectuer la variété de missions auxquelles vous êtes confrontés.

Ce concept a fait l'objet d'une recherche approfondie sur l'usage des ***drills***. En milieu militaire, ces techniques d'entraînement sont basées sur la répétition du geste, et destinées à rendre une réaction physique et psychique instinctive. Utilisé par les forces spéciales pour développer des automatismes en situation de stress, **il est le fondement de l'entraînement physique des métiers et sports à risques.**

Son efficacité repose sur la **loi de l'effet**. C'est le plaisir psychologique ressenti lors de la réalisation d'un mouvement efficace, d'un entraînement bien mené, d'une compétition remportée. Les effets s'accumulent au fur et à mesure de l'intensification et la répétition de l'effort, avec la sensation de pouvoir réaliser **n'importe quelle action sous contrôle**.

Ceci correspond au processus de drill : je l'ai fait, je suis capable de recommencer et, ainsi, je renforce la confiance que j'ai en moi. **J'agis en toute sécurité**. C'est une forme de positivisme !

Pourquoi ?

Les manuels de préparation physique, de fitness ou de musculation prônent la perte ou la prise de masse, le corps de rêve ou l'hypertrophie des muscles ! Trop souvent, l'entraînement du sportif est un enchaînement de séries de mouvements dénués de sens et sans but.

Notre concept autonome est adapté aux objectifs du sportif "OPS". En effet, pour combattre, il est nécessaire de faire plus de physique et de passer d'une gestuelle d'effort à une gestuelle maîtrisée. Générer un stress à l'entraînement, tenir la charge physique, équilibrer son alimentation, progresser à l'économie sont des enjeux stratégiques majeurs pour préparer le corps à des efforts de haute intensité.

Au-delà du concept, **FROG** s'apparente à un **mode de vigilance, d'adaptabilité et d'humilité** où chacun peut renforcer son aptitude physique à l'effort, repousser ses limites afin d'aboutir à un état de conditionnement physique bénéfique au quotidien. En somme, vous ne vous entraînez pas pour vous plaire, renforcer votre ego ou répondre au diktat du miroir ! **Mais pour activer votre corps et votre esprit à résister à un choc physique et/ou psychique potentiel, assurer votre protection et mobiliser toute votre énergie pour devenir un battant.** *Cycle du conditionnement physique opérationnel.*

L'activité physique opérationnelle représente une victoire sur ses peurs et ses freins. Elle déclenche chez le sportif un processus d'audace et dénote un état d'esprit particulier : ***l'esprit choc.***

Frogman en immersion discrète

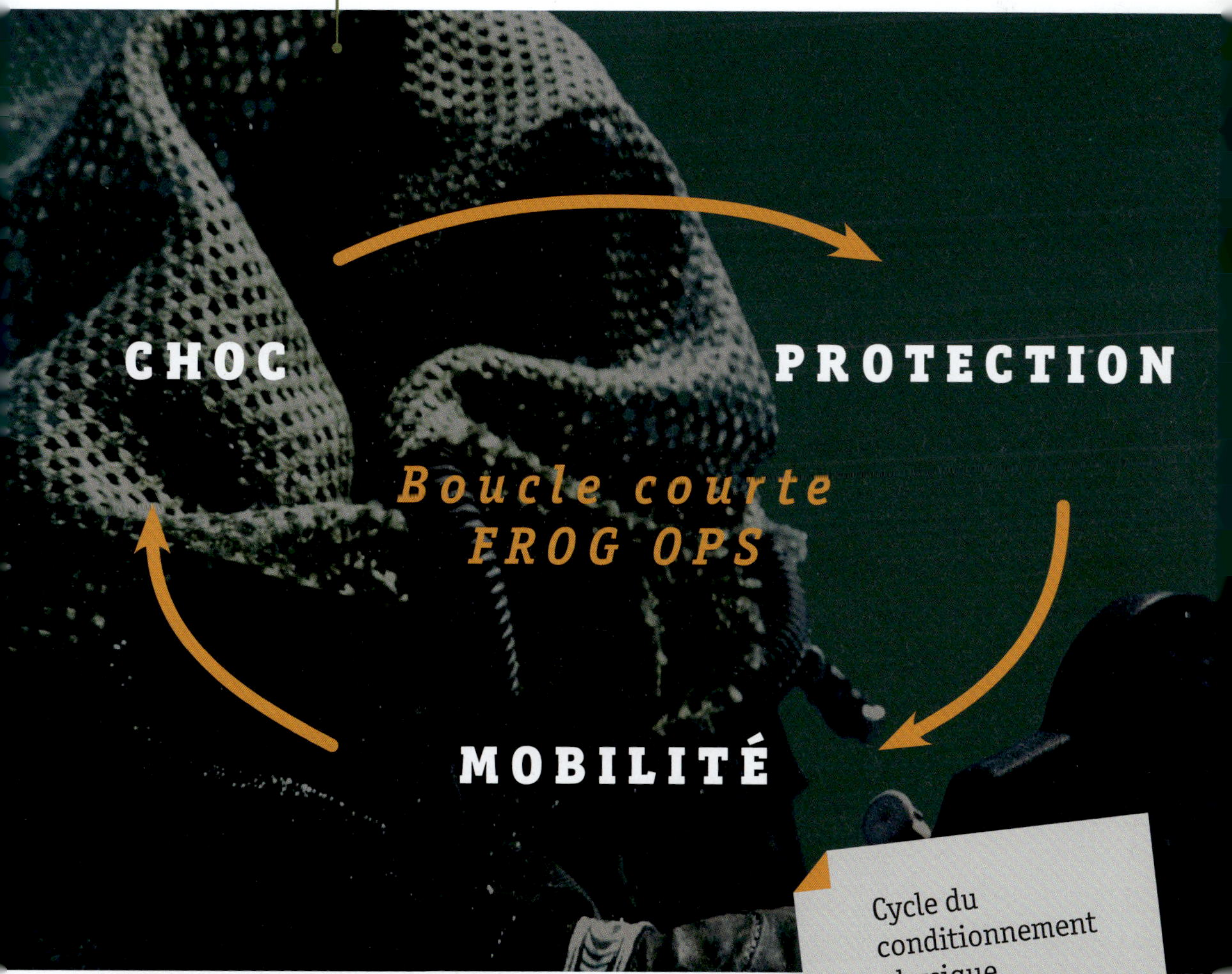

Cycle du conditionnement physique opérationnel

Comment ?

La plupart des gens ne s'intéressent à la condition physique pour des raisons de santé. Les sportifs opérationnels doivent quant à eux s'y intéresser pour des raisons de **performance au combat**.

Notre concept vise à activer le corps, par la pratique régulière de **Techniques Intensives Physiques (TIP)** adaptées à vos besoins, seul, en binôme ou en groupe. Une bonne condition physique associée à une hygiène de vie optimum contribue de manière significative à votre épanouissement, à votre bien-être et à votre développement personnel.

Les **TIP sont une méthode de conditionnement physique en choc, protection et mobilité.** Elles sont le socle de toutes les activités tactiques, sportives et professionnelles engagées. Elles s'inscrivent dans un processus d'optimisation de votre potentiel physique opérationnel, en vous donnant un cadre de référence et une progression en conditionnement de terrain, par l'usage contrôlé de gestes et de techniques opérationnels.

La physiologie et la biomécanique musculaire du sportif opérationnel sont envisagées sous l'angle d'acquisition de mouvements **utiles et essentiels : les chaînes musculaires de captage et/ou d'éloignement**. Le recours à la force endurance, force vitesse, résistance, coordination, esquives, agilité et équilibre par l'usage combiné des **TIP** est recommandé pour les activités de combat, mais aussi pour l'ensemble des activités à risques.

Commando en mode franchissement, "petite rade" Toulon

FROG ?

C'est Savoir et Acter, pour maintenir le cap.

Notre concept se distingue par sa finalité opérationnelle, en cherchant à développer votre **mode action** par la combinaison d'efforts dynamiques, tout en préservant votre intégrité. L'objectif du sportif opérationnel est **d'effectuer le bon geste, au bon moment, immédiatement, pour faire face à n'importe quelle situation en toute sécurité.**

L'**aptitude** à interagir en condition hostile, vous donne la capacité nécessaire de faire face à toutes les situations d'efforts rencontrées dans les milieux hors norme : être capable de franchir un obstacle, marcher en équilibre au-dessus du vide, monter une échelle de corde en falaise, effectuer une course longue distance en kilomètre vertical, porter une lourde charge, esquiver ou répondre à une attaque, nager dans le froid...

Pour intégrer ces actions dans votre entraînement, nous vous proposons, dans un premier temps, d'actualiser vos connaissances théoriques sur la physiologie du corps, la performance, les risques physiques, l'environnement, la nutrition, la survie, puis dans un deuxième temps nous développerons la stratégie de conditionnement physique en "pratique" autour des **Techniques Intensives Physiques** utilisées dans le métier des armes, les sports de combat, les sports de contact (rugby, escrime, hockey sur glace...), les métiers à risques physiques, mais aussi dans bon nombre d'activités du quotidien.

Simple dans sa conception, ce guide est destiné à faciliter votre prise en charge physique. Il vous apporte le **maximum d'informations de terrain** pour répondre, efficacement, à la plupart de vos interrogations en se référant aux normes de condition physique s'appliquant aux "opérationnels".

Au fil des chapitres, nous emploierons régulièrement les termes suivants : ***combattant, sportif opérationnel*** *ou* ***sportif "OPS"****. Ils représentent un seul et même vocable, celui du "sportif engagé", accompli et aguerri, à l'image du* ***"warrior athlete"*** *ou* ***"tactical athlete"*** *des Anglo-Saxons.*

"MOBILITÉ"
Nageur de combat
en mode attaque

POUR QUI ?
Sportif opérationnel

Être pour durer.

Ce guide s'adresse à vous, hommes et femmes d'action, professionnels du risque , désirant vous maintenir en bonne condition physique en tout lieu, en toutes circonstances, quel que soit votre âge, quel que soit votre niveau sportif.

Être *prêt*, en permanence, à agir dans l'instant, savoir *s'arracher* au moment opportun, c'est dans cette optique que le sportif opérationnel privilégie son *espace d'action* qui correspond à son milieu d'évolution entre : terre, mer et air, ainsi que son *intervalle d'espace*, en détenant le choix du moment propice pour saisir l'opportunité de l'action.

Le profil opérationnel est un homme polyvalent, endurant et explosif. Son conditionnement physique et psychique est **durable.** Il répond aux exigences de son mode d'exercice.

La ressource inépuisable du sportif opérationnel réside dans son aptitude à pouvoir s'adapter à n'importe quelle situation, si contraignante soit-elle. Il utilise son corps en activant les groupes musculaires cibles et les filières énergétiques spécifiques qui interagissent ensemble sous la dépendance du facteur stress. C'est ainsi que l'on peut entrevoir chaque action de préhension, de protection et de percussion sous la forme de stratégies comportementales animées par des **chaînes musculaires opportunistes tactiques.** Il fait appel à sa résistance psychique ou résilience pour surmonter les obstacles et vaincre ses doutes et ses peurs.

Dans une logique de préparation physique et de performance au combat, le sportif opérationnel évalue régulièrement son aptitude à l'effort à travers des tests de condition physique. Ces tests cherchent à apprécier son niveau d'aptitude physique et le préparent à des épreuves de sélection ou des activités sportives intenses.

Un sportif "OPS" en bonne condition physique, entraîné et aguerri, sera plus résistant en milieu hostile. Il acquiert la capacité de se protéger tout en apprivoisant les éléments environnementaux.

Dans un monde de haute technologie, où l'optimisation de la stratégie et l'efficience des systèmes sont centrés sur le matériel, **il est impératif de replacer l'Homme au centre des préoccupations dans sa globalité physique et psychique**.

Le premier des systèmes d'armes reste l'Homme.

C'est dans cet esprit que nous vous conseillons d'aborder la lecture de ce guide.

"CHOC"
OPS en mode grimpe

QUELS OUTILS ?
Techniques Intensives Physiques : TIP

Notre **méthode de conditionnement** s'appuie sur trois piliers, favorables à votre développement physique et psychique : **le choc, la protection et la mobilité.**

Ces trois piliers, constitutifs du "drill", sont pour vous trois armes indispensables pour répondre favorablement à toutes sollicitations.

La **quatrième arme** : c'est vous et votre capacité d'aguerrissement renforcée de votre potentiel combatif

La progression TIP débute toujours par la phase choc.

En stimulant vos chaînes musculaires de **captage**, vous développez des capacités de force, de résistance et de gainage pour vous permettre de maintenir, endurer et répliquer.

L'étape suivante correspond à la phase de protection.

En activant vos chaînes musculaires **d'éloignement**, vous acquérez des réflexes d'esquive et d'équilibre, afin d'habituer votre corps à rebondir, à coordonner et à s'économiser dans l'effort.

Ces deux phases successives permettent d'amener rapidement le combattant à un état proche de **l'épuisement physique comme psychique** (phase de montée en puissance). C'est le point de départ de l'aguerrissement. Il importe d'utiliser en début de progression tout son potentiel d'effort en force, vitesse, endurance, résistance et coordination, sans pour cela accumuler les lactates dans le sang. Sur ce type d'entraînement en stress musculaire maximum, il convient de sentir la **période de décrochage lorsque le rendement diminue**, c'est le signal d'alarme pour la "mise au frigo " ou repos relatif du corps !

La dernière étape est la phase de **mobilité**.

Elle présente deux aspects :

l'extraction psychique : c'est la visualisation perceptive du mouvement utile pour l'action, ainsi que la prise en compte de la gestion du stress, associée à la normalisation du tonus postural après l'action ;

l'extraction physique qui privilégie une activité d'endurance cardiorespiratoire pendant ou à distance des phases choc et protection.

Nous détaillerons dans la deuxième partie de ce guide les outils TIP de conditionnement physique.

Processus de conditionnement physique opérationnel tactique

FROG OPS

CHOC

↓

Transferts de charges
Tracter, tirer, pousser

MOBILITÉ

↓

Extraction
Physique
Psychique

PROTECTION

↓

Esquive
Équilibre
Économie

Vous exigez de votre corps force, résistance et mobilité.

Le concept **FROG** est adapté à votre **mise en condition physique opérationnelle.**

Vous souhaitez aborder de manière optimale votre projection sur le terrain.

La méthode des **TIP** est votre **outil d'aguerrissement.**

SUIVEZ-MOI
FOLLOW ME

Soyez toujours à l'écoute de votre corps !

Il est temps pour vous de commencer...

"PROTECTION"
OPS en mode franchissement

L'auteur et l'éditeur se dégagent de toute responsabilité en cas de mauvais usage du concept FROG et de la méthode des TIP. Si vous avez des doutes sur votre capacité à suivre cette méthode de conditionnement, demandez conseil à votre médecin.

1
PHYSIQUE COMBATTANT

Dans l'Antiquité, les exercices sportifs étaient destinés aux activités de préparation militaire. La pratique du sport consistait en une mise en condition physique poussée dans le but de fortifier le corps du combattant.

De nos jours, le combattant nécessite une condition physique sans faille par la répétition d'efforts soutenus et adaptés suivant le concept du *no pain, no gain* (pas de gain sans effort).

Les sportifs opérationnels, les professionnels exerçant des métiers à risques sont aptes à encaisser des chocs physiques et psychiques. Ils adaptent leurs entraînements en conséquence, tout en évitant les traumatismes.

GUERRIER COMBATTANT

Depuis l'origine de l'homme, la préparation d'un effort est corrélée à une pratique de l'entraînement guerrier. Les premières évocations de l'entraînement du combattant remontent à l'époque antique à travers l'éphébie : période de préparation physique militaire pour le jeune citoyen désireux de défendre la cité.

Pour le **guerrier combattant**, le corps est le vecteur de la performance. Le guerrier tente en permanence d'ouvrir de l'espace d'action, par l'épanouissement psychique et le gain physique, en se confrontant au stress du combat lors des olympiades.

L'activité physique du guerrier combattant a pour but de renforcer le corps pour faire face à ses principaux besoins : manger, défendre son territoire, protéger sa famille, préserver ses richesses et sa culture. Il doit être en mesure de s'adapter aux milieux à fortes contraintes environnementales et se déplace en permanence à pied pour maintenir son champ d'action et son endurance.

LE *PHYSIQUE* COMBATTANT DANS L'HISTOIRE

La gymnastique du combattant puise sa genèse dans la Grèce antique. Dans la conception platonicienne, le combattant est un lutteur : il s'entraîne pour défendre les siens. Dans l'Antiquité, la force physique est considérée comme un critère de reconnaissance sociale, par la pratique des sports de combat.

À l'origine, les Égyptiens pratiquaient la lutte. Elle était considérée comme la discipline d'entraînement du guerrier. Les lutteurs combattaient, dès l'adolescence, afin de fortifier leur corps. Les prises étaient multiples et sans limites : étreintes, projections et mouvements balistiques.

Plus tard, les Grecs sont devenus des experts dans l'art de la lutte, ils affinaient les techniques d'esquives afin d'épuiser l'adversaire et porter le coup fatal. Les Grecs optimisaient l'entraînement au combat par l'utilisation de moyens simples et rustiques comme les haltères en pierre. Quant aux Romains, ils firent de nombreux emprunts à la lutte grecque, en éliminant son caractère brutal, pour développer la lutte gréco-romaine.

L'héroïsme athlétique est souvent représenté dans l'art. Le *guerrier combattant de Borghèse*, exposé au musée du Louvre à Paris, évoque la silhouette allongée du combattant. Le héros se fend dans un élan qui projette le buste vers l'avant, en un mouvement de défense et d'esquive. La guerre dans l'Antiquité était l'occupation de tout homme, depuis sa tendre enfance. C'est Homère, au VIIIe siècle av. J.-C. qui a défini le concept de "combat héroïque" donnant au combattant des valeurs de courage, d'endurance, d'habileté et de sacrifice.

Au Moyen Âge, la pratique des efforts corporels est souvent ignorée. Vers 400 ans après J.-C. il existe une évolution technologique du combat. Le seul combattant est le guerrier à cheval. Le statut de guerrier était réservé à une élite qui avait le privilège de combattre pour un seigneur.

Au Xe siècle, au Japon, le mot samouraï, du verbe saburau (servir) est évocateur, tout comme pour les chevaliers, d'un combattant à cheval. Sous l'influence de la religion bouddhiste, le samouraï développe des valeurs de maîtrise de soi, de respect, de bravoure et d'intégrité.

Le guerrier à cheval prend fin avec la naissance des États-nations. Le combat devient l'apanage des militaires relevant directement du pouvoir en place. Le guerrier combattant abandonne le combat individuel et barbare au profit de l'exercice du combat discipliné et entraîné.

En 1780, Joseph Tissot-Clément, médecin militaire, publie un livre intitulé "Gymnastique médicale et chirurgicale ou essai sur l'utilité du mouvement ou des différents exercices du corps". Ce sont les premiers écrits concernant la gymnastique médicale en milieu militaire, base historique relativement récente de la préparation physique du combattant.

Depuis le début des années 1980 jusqu'à nos jours, le "physique" combattant fait partie intégrante de l'histoire de notre enfance. Combien de carrières ou d'activités sportives à risques ont été stimulées par des figurines mythiques "G.I. Joe©, Action Joe©, Big Jim©, Action Man©..." ! Ils ont en commun de représenter, par excellence, la silhouette de l'homme d'action en perpétuant son image.

La représentation du corps combattant dans notre société et son usage guerrier en tant que vecteur humain offensif ou défensif semble être pour longtemps encore dans le vent de l'histoire.

FITNESS COMBATTANT : LES MÉTHODES

À l'origine de l'entraînement du sportif combattant, en 1910, George Hébert, lieutenant de vaisseau dans la Marine Nationale, a développé une méthode, dite **méthode naturelle,** qui est toujours d'actualité dans les armées. Elle est basée sur les gestes inspirés de l'observation des mouvements des peuplades primitives qu'il rencontra durant ses campagnes. *Ces primitifs étaient des hommes vivant dans la nature et selon la nature. Ils couraient pour poursuivre un gibier, sautaient pour franchir un obstacle, grimpaient aux arbres... Toute cette activité physique se faisait naturellement, sans recherche d'un style particulier, sans accessoires inutiles, mais à l'économie. Pour Hébert, la nature est pleine de mouvements : le lever, le lancer, le pousser, le tirer, l'équilibre, la quadrupédie, la marche, la course, le combat sont des mouvements naturels.* L'objectif de la méthode était de développer une gestuelle fonctionnelle, utile au marin, pour toutes les activités à bord.

Les deux guerres mondiales vont renforcer le besoin de préparation physique du militaire. Au début du XXe siècle, l'École de Joinville en France a pour mission de former des moniteurs de gymnastique militaire. En 1902, son laboratoire de physiologie étudie précisément la mesure de la performance sportive du combattant. Plus tard, en 1913, sa mission prioritaire est de rechercher les moyens et les méthodes permettant d'améliorer la condition physique du militaire sur le terrain.

Dans les années 1950, les Américains prirent conscience à travers la guerre de Corée, de l'importance accordée à l'entraînement physique du combattant. C'est dans ce sens qu'ils développèrent un programme spécifique dont la finalité était d'optimiser la préparation et l'engagement physique des soldats. En 1968, le Dr Kenneth Cooper (lieutenant-colonel) a élaboré une méthode gymnique destinée aux marines de l'US Navy : **l'aérobic**.

Précurseur du **fitness** militaire, il développe un concept d'activités dont le but est d'apporter un gain de forme pour le combattant, à partir de mouvements cadencés **fit** aux bienfaits cardiovasculaires.

En 1975, la notion de préparation physique du combattant adaptée à un emploi spécifique commence à apparaître dans les forces armées. Depuis cette expérience, les Américains ont cherché à standardiser les méthodes et procédures de conditionnement physique en fonction des spécificités d'emploi du combattant. Elles sont basées sur l'endurance, la force, la mobilité et l'agilité. Très récemment, la mise en condition physique opérationnelle des personnels embarqués à travers le programme **NOFFS**, (Navy Operational Fitness and Fueling System) est révélatrice de l'intérêt croissant du commandement, de chercher à préserver l'homme au combat sur le long terme.

Depuis 2009, les forces armées américaines optimisent la performance humaine des unités spéciales : les Sof tactical athlete, en effectuant des travaux sur la résistance du corps, l'adaptation à l'effort, la fatigue, les effets thermiques. Ces professionnels du combat en profondeur subissent un entraînement particulièrement rustique s'inspirant d'une méthode civile initiée par *Greg Glassman* : le ***cross-fit®***. Cette **méthode fonctionnelle athlétique,** réservée à une élite, prône un renforcement musculaire basé sur des exercices intenses issus de l'haltérophilie. Les mouvements sont réalisés sans temps de récupération et le plus souvent en anaérobie (sans apport d'oxygène). Ce type de préparation n'est pas sans conséquences pour le corps. Elle présente un risque non négligeable de survenue de pathologies cardio-vasculaires et musculo-squelettiques. En dehors de toute notion traumatique, la pratique excessive d'activités physiques extrêmes peut entraîner, aux détours de l'effort, un arrêt cardiaque, un coup de chaleur, une rhabdomyolyse, y compris chez le sportif entraîné. Une mise en condition physique préalable associée à un contrôle de l'activité par des spécialistes en conditionnement physique est donc nécessaire pour répondre favorablement à ces conduites sportives à haut risque.

Les **Techniques Intensives Physiques®** apportent à la préparation physique une composante opérationnelle. Cette **méthode fonctionnelle tactique** propre aux métiers à risques, repose sur l'acquisition de connaissances et de mouvements utiles relatifs à l'optimisation de la performance de l'homme au combat autour des notions de **conditionnement en choc, protection et mobilité.**

Le sous-lieutenant de réserve "Pique la Lune" : *Antoine de Saint-Exupéry,* utilise le verbe "apprivoiser" lors de la rencontre du renard avec le petit prince. C'est à travers cette symbolique forte que le sportif opérationnel **apprivoise** son corps à la contrainte physique comme psychique en "créant le lien" entre les deux, à travers le prisme de ces trois principes. Il devient alors autonome dans sa préparation et perçoit la finalité de l'entraînement intensif. Le processus de conditionnement est long. Il structure le corps à l'esprit pour tendre progressivement vers l'aguerrissement en toute sécurité. La progression favorise l'usage des chaînes musculaires de captage et d'éloignement pour les inclure dans des **parcours opérationnels**, véritables outils de conditionnement. Le **fitness army** est devenu pour les forces l'une des composantes prioritaires dans le domaine de la prévention des accidents liés aux sports ainsi que l'entraînement physique du combattant de demain. Ceci rentre dans un cadre plus large ; celui de l'optimisation du **facteur humain**, *versus physique*. L'objectif principal est de renforcer la résistance du combattant en amont, en le responsabilisant sur son potentiel physique, et psychique et en aval, en mobilisant l'ensemble de ses ressources pour le préparer au pire.

FITNESS COMBATTANT : LES OUTILS

Contrairement aux courants actuels de musculation ou de fitness qui prônent des appareils de plus en plus sophistiqués, les outils d'entraînement du sportif opérationnel sont souvent rustiques et dépouillés. Rappelons-nous que, dès l'Antiquité, les Grecs utilisaient des moyens rudimentaires comme les haltères en marbre pour parfaire leur entraînement en force et en résistance. Le résultat était à la hauteur de l'engagement physique des combattants de l'époque !

Aujourd'hui, le marché du **fitness combattant** est en plein essor. Les Russes, bien avant les barres et les haltères à disques, utilisaient des poids en forme de boulets de canon : les kettlebells ou gyrias. Dans les années 1900, elles étaient employées par les hommes forts dans les cirques et dans les *cabinets* *athlétiques*. Durant la guerre froide, les forces spéciales russes (spetnatz) adoptèrent cet outil de force balistique lors de préparations physiques intenses. Dans les années 2000, *Pavel Tsatsouline*, ancien spetnaz, importa la technique aux États-Unis pour parfaire la condition physique des forces spéciales américaines (navy seals, swat...). Elles sont, aujourd'hui, largement employées par les sportifs opérationnels russes, américains et européens. Plus récemment, en 2010, *Randy Hetrick,* instructeur sport chez les nageurs de combat, Navy-Seals de l'US ARMY, a développé un outil d'entraînement novateur, le TRX® ou Total Résistance eXercice. Mis au point à partir de sangles de parachute, et nécessitant un point d'ancrage, cet outil de renforcement musculaire en suspension utilise le poids du corps pour augmenter la force de l'utilisateur et permet de maintenir un groupe de combat en bonne forme physique quel que soit le lieu d'action. La plupart des militaires de l'US Army en sont aujourd'hui dotés. Mécaniser l'entraînement du combattant par l'usage de kits tactiques de GAIN physique est un enjeu d'avenir pour les forces. Le cahier des charges doit répondre à une analyse précise des besoins physiques opérationnels : matériel transportable, multifonctions, polyvalent et résistant. En somme, une véritable salle de sport dans son sac à dos. Nous y travaillons...

2

SPORTIF «OPS»

Le statut de sportif combattant a évolué au fil du temps. Ce n'est plus un guerrier traditionnel à l'image du combattant grec, du samouraï ou du chevalier. Le sportif "OPS" est un homme ou une femme d'action, en bonne santé physique, entraînant son corps sans excès par la pratique régulière d'activités physiques et sportives.

Il se prépare pour l'engagement physique intense par des apprentissages de techniques répétitives ou *drills* permettant d'agir avec détermination et efficacité en situation hostile.

En devenant un sportif opérationnel léger, rustique et solide, vous avez la capacité d'intégrer rapidement l'évolution des modes d'entraînement en privilégiant votre physique, votre mental et votre survie. Vous possédez des qualités indispensables pour un combattant : l'humilité dans l'effort, la résilience pour résister aux contraintes, la ténacité pour ne jamais abandonner, la combativité pour toujours se dépasser.

Réapprenons à apprendre avec ce qui ne coûte rien : la VOLONTÉ et le GESTE !

SPORTIF OPÉRATIONNEL

Les événements récents de géopolitique rappellent, à travers le débarquement des Anglais dans les Falkland, les guerres en Irak et en Afghanistan, que pour remporter un combat à pied, le combattant doit être physiquement apte à porter **lourd** et longtemps et psychiquement apte à endurer **traumatismes et stress.**

Il en est de même pour les *conquérants de l'inutile* en haute montagne, pour les soldats du feu, pour tous les voyageurs ou *sportifs de l'extrême* évoluant dans un univers rustique et dangereux.

Être opérationnel demande à chacun un niveau d'engagement physique sans faille pour ne pas ressentir la fatigue lors d'un effort intense, pouvoir composer avec sa douleur et résister sans se plaindre. Le caractère "OPS" peut être considéré comme une véritable stratégie d'action de l'avant.

"MOBILITÉ"
Commando en phase de progression

Les exigences en matière de condition physique dépendent, bien sûr, de votre emploi, de votre âge, de votre pratique sportive, mais surtout des **objectifs liés à vos futures missions ou à vos projets sportifs.** Sans but précis, il ne peut y avoir de préparation efficace au combat. Il est déterminant dans l'action de vous fixer des cibles, car cela vous permet de diminuer la **zone d'incertitude** qui engendre stress et vulnérabilité.

En termes de **capacités physiques** : vous devez être capable de vous déplacer sur une longue distance, de courir rapidement avec charge, de passer de la position debout à la position allongée, de rester immobile, de sauter des obstacles, de grimper, de creuser, de porter, de nager, de vous équilibrer, quelles que soient les conditions climatiques, de jour comme de nuit. C'est pour cette raison que dans l'Antiquité, les combattants égyptiens couraient la nuit pour renforcer le caractère opérationnel et la rusticité.

En termes de **capacités mentales** : vous devez être à même d'appréhender le risque, l'imprévu, le stress et de résister à la fatigue.

L'expérience montre que la réussite à une épreuve de sélection, à un stage, un engagement physique, est le fruit d'une longue préparation. Pour vaincre, le sportif opérationnel se **renseigne**, **envisage**, **visualise** et **acte**.

L'inaptitude ou l'échec n'est jamais le fruit du hasard mais souvent lié à un manque de confiance en soi. Le sportif opérationnel, dans sa quête de performance, cherche toujours à attraper "la bonne prise, au bon moment, en une seule fois".

En définitive, le sportif "OPS" peut se définir comme une **personne ordinaire confrontée à des situations extraordinaires**. Il est le *spectateur engagé* de son physique, de son psychisme et de sa détermination.

LA POLYVALENCE PHYSIQUE

Qu'il soit novice, aguerri ou d'élite, le sportif opérationnel est soumis dans son mode d'exercice à de nombreuses sollicitations physiques. Le combattant novice doit intégrer rapidement l'intérêt de la pratique sportive dès le début de sa progression. Le combattant aguerri ou d'élite doit mesurer et contrôler l'intensité de son entraînement pour durer.

Le corps est soumis en permanence à des adaptations nécessaires pour répondre aux contraintes multiples liées au port de charges lourdes, aux activités spécifiques du combattant, aux sports à risques, à la nature même de l'emploi.

L'entraînement physique du sportif "OPS" n'a de raison d'être que s'il lui permet d'améliorer son potentiel d'action physique et sa performance. La **polyvalence physique** le caractérise, nous sommes donc très loin de l'entraînement spécifique dans une seule discipline, réductrice et sans intérêt sur le terrain

La résistance, le physique, le psychisme sont des facteurs prédictifs d'amélioration de votre potentiel. L'entraînement doit vous permettre d'acquérir un socle physique général. À terme, votre profil physique et psychique évoluant, il s'inscrit dans la durée et oriente votre conditionnement.

La **motivation** reste l'unique facteur qui autorise votre corps à supporter un effort intense dans le temps.

> *La première qualité du soldat est la constance à supporter la fatigue, la valeur n'est que la seconde. Les épreuves, la pauvreté et la misère sont la meilleure école pour le soldat.*
>
> *Napoléon Bonaparte*

FROG OPS

La préparation physique du combattant est le fruit d'une longue expérience d'hommes et de femmes qui ont valorisé dans l'histoire leur potentiel physique afin de développer harmonieusement leur corps pour le rendre opérationnel.
Si aujourd'hui le "fitness combattant" est un concept reconnu, souvent copié, il est nécessaire de garder l'image et le sens princeps du "sportif opérationnel" qui s'entraîne et s'aguerrit en privilégiant la polyvalence physique pour pour répondre dans l'instant à toutes sollicitations.

3 AGUERRISSEMENT

L'AGUERRISSEMENT est une notion utilisée dans le monde militaire. Elle vise à conditionner physiquement et psychiquement le combattant pour stimuler sa résilience ou sa capacité à rebondir, combattre et résister dans un environnement dégradé. Cette notion peut être transposée au milieu des sportifs opérationnels qui engagent en permanence leur corps et leur esprit dans un univers à haut risque.

Le conditionnement physique correspond à la mise en place d'automatismes ou drills en réponse à des situations de combat. Il favorise l'adaptation du combattant à son environnement, aux conditions climatiques ainsi qu'à la fatigue.

L'expérience montre que le conditionnement ne suffit pas à préserver le sportif "OPS" d'un risque potentiel. Nul n'est à l'abri d'une modification de son état de forme, d'un manque de vigilance, d'un traumatisme, voire d'un choc physique et/ou psychique au détour d'une activité. Cela risque d'engendrer à terme un état de déconditionnement incompatible avec l'action.

La nécessité grandissante dans notre société de prévenir, informer, éduquer et si besoin, reconditionner le combattant, fait prendre conscience de la valeur princeps du potentiel humain. Face à ce constat, le sportif opérationnel a le devoir de s'entretenir, de se préserver et de préparer durablement son corps à l'effort intense en toute sécurité. La condition physique est déterminante pour l'engagement en milieu hostile. Le conditionnement physique et psychique est le moteur de la longévité.

COMBATIVITÉ ET AGRESSIVITÉ

La **combativité** provient de l'énergie que vous mobilisez pour vous défendre ou vous préserver face à une situation de danger. Elle est déterminée par une agressivité bénéfique qui permet de vous engager sereinement dans un effort physique et psychique contraignant.

Avoir l'esprit combatif, c'est exercer un contrôle permanent sur ses émotions afin de rester concentré sur la fixation d'un but ou d'un objectif dans **une zone de confiance**. En associant automatisation du geste (drill), confiance en soi et sensation d'équilibre interne, le sportif "OPS" est centré sur sa cible sans dévier de sa tâche. Il est alors déterminé et focalisé dans l'action.

La zone de confiance - qui s'oppose à la zone d'incertitude ou zone d'indétermination (principe de Heisenberg 1927, physique quantique) - **correspond à l'instant durant lequel s'exerce votre détermination et votre concentration**. Sans objectif précis à plus ou moins long terme, vous risquez de perdre la motivation, et inéluctablement, la confiance en vous.

Pour accéder à la performance, il est important de développer en début de progression des stratégies psychologiques de détermination et de concentration.

- **La détermination est un état subjectif positif qui vise à vous transcender au combat et vous aide à surmonter la tâche à accomplir, l'effort à fournir et la fatigue à venir.**
- **La concentration est un état d'attention intense visant à capter les informations utiles et nécessaires à la réalisation de la performance au combat.**

À terme, l'expérience de l'échec, l'inconnu, l'incertitude sont des facteurs déterminants pour *vivre dans l'action, l'impulsion de la réussite.*

L'agressivité positive est pour l'homme combattant un comportement réactif face à un environnement qu'il ne connaît pas. Il est capable de développer une force de sauvegarde ou de défense par l'esquive et une force réactive appropriée, par l'intensité de la réponse choc. Son mode de fonctionnement l'amène à se positionner en première ligne sur le lieu de l'action. Il agit positivement dans l'urgence ; il sait faire face à une situation critique. L'exercice physique n'est pas une contrainte, mais, au contraire, un gain et un catalyseur. L'entraînement physique lui procure une aptitude à l'affrontement, une augmentation du contrôle de la peur, une capacité de prise de décision rapide.

Pour se prémunir de tout risque d'attaque, il est préventivement combatif. Il est toujours gagnant.

Lors d'une menace ou d'un stress, il est indispensable de raisonner votre corps en agressivité positive ou combativité.

La combativité, l'aguerrissement mais aussi l'**anticipation** sont des qualités décisives pour maintenir votre niveau de vigilance et faire face à l'agressivité négative. La gestion du stress et l'agressivité positive sont intimement liées : c'est la capacité de garder la "tête froide" dans des situations inattendues.

À l'inverse, l'**agressivité négative** se traduit chez le combattant par un comportement basé sur des certitudes ainsi qu'une assurance non justifiée. La compétition, les challenges sportifs et l'élitisme peuvent engendrer des sentiments de toute puissance physique et donner lieu à des prises de risques individuelles et collectives inutiles, voire néfastes. Nul n'est invulnérable !

Certes, le niveau d'engagement est, pour certains, à l'origine de facteurs de stress. Les origines en sont multiples : les agressions physiques, les situations de danger, la non résolution d'une tâche, le risque vital. Ils peuvent occasionner un état de déconditionnement souvent insidieux et responsable à terme d'une diminution de la performance, voire d'une baisse ou d'une absence de combativité.

Les mécanismes de déconditionnement reconnus dans notre société sont souvent plus évidents. Ils sont liés à l'expression de **la toute puissance de son désir** en inadéquation avec le conditionnement nécessaire pour pratiquer une activité physique à risques : une alimentation trop riche, agrémentée de sodas ou d'alcool, une multiplication des conduites addictives, une préparation physique a minima, un surmenage, un surpoids, une sédentarisation informatique, des vecteurs de déplacements motorisés, une diminution des pratiques sportives, une méconnaissance des limites de son corps.

C'est donc votre capacité à prendre en compte, mesurer et surmonter vos défaillances qui sera décisive pour maintenir votre conditionnement et implicitement votre survie.

La combativité fait appel à votre capacité d'adaptation, à votre potentiel de résistance, à votre plasticité cérébrale ainsi qu'à votre endurcissement physique. **Être combatif, c'est pouvoir se projeter dans l'instant et dans l'avenir, pour agir sans condition et atteindre sans limite l'objectif que vous vous êtes fixé.**

RÉSILIENCE ET AGUERRISSEMENT

Le combat génère un stress causé en premier lieu par le risque vital. Pour le combattant, la menace est présente en permanence, mais de manière latente.

L'évolution des modes de combat impose au sportif opérationnel de puiser dans sa résistance psychique ou **résilience** pour faire face à l'insécurité d'une situation. La résilience vient du verbe latin *resaltare* qui signifie *rebondir*. Pour les scientifiques le terme résilience est une forme de propriété de l'acier : elle exprime le travail nécessaire pour rompre un matériau sous l'effet d'un choc. Ceci correspond à la définition de la charge de rupture.

En psychologie, la notion de résilience introduite en France par Boris Cyrulnik (psychiatre) se traduit par la capacité pour un homme de se développer en dépit d'environnements qui auraient dû être délabrants. La résilience serait donc une condition impérative pour faire face à un traumatisme sans en être affecté ultérieurement. Pour les Américains : "c'est la capacité de s'adapter à un contexte en évolution et de se préparer à une perturbation, de l'encaisser et de s'en remettre rapidement". Dans notre concept c'est bien la prédisposition à l'action et l'aptitude à la récupération rapide qui sont envisagées.

Parmi les techniques que nous utilisons en reconditionnement physique, le phénomène de la "poutre composite" qui consiste à contracter les muscles de part et d'autre d'un levier osseux est un mécanisme de résistance à la rupture en renforçant une zone cible du corps potentiellement sollicitée par un choc : c'est le principe du gainage utilisé en parachutisme, en lutte ou en monopalme...

Pour le sportif "OPS", les fondements de la résilience constituent une valeur immuable autour de quatre notions :

- la cohésion du groupe ;
- la confiance en soi ;
- la capacité d'action physique et psychique ;
- l'anticipation.

Ce qui différencie l'entraînement de la compétition et, a fortiori, du combat est avant tout le facteur de stress. Il importe de conditionner l'homme d'action à résister, à endurer, à lutter afin d'habituer son corps à tolérer des charges de travail importantes et, par là même, augmenter son potentiel de résilience. Dans ces conditions, le combattant peut surmonter les risques inhérents à son activité : le combat. Nous entrons progressivement dans la **phase d'aguerrissement**.

"PROTECTION"
Chuteur OPS en phase de saut

L'aguerrissement est une disposition particulière du combattant pour supporter une forte pression physique et psychique, lorsqu'il s'engage dans un environnement hostile, une zone de risques, un entraînement hors norme.

Il se conçoit après une mise en condition physique opérationnelle poussée. Il permet d'endurcir le corps, de gagner en endurance et en résistance, de diminuer le temps de sommeil, tout en favorisant l'apprentissage de la rusticité.

Il s'acquiert par la répétition d'exercices éprouvants et par la maîtrise de l'appréhension naturelle de l'homme confronté à un environnement stressant : l'obscurité, le froid, le vide, l'eau, la faim, le confinement...

L'aguerrissement est considéré comme une valeur ajoutée à la combativité.

EXTRACTION PSYCHIQUE ANTISTRESS

Le fait **d'arracher** l'homme à ses doutes et à ses peurs est induit par une capacité propre à chacun à résister au stress. Sous la dépendance du caractère d'un individu, de son vécu et de son hygiène physique et mentale, elle est régie par une petite région située à la base du cerveau : l'hypothalamus.

C'est le "thermostat" du corps. S'il est responsable de la thermorégulation, pour maintenir le corps à température constante, il est aussi l'organe des réactions de défenses face à une agression. Il sécrète les hormones de la survie et régule les grandes fonctions vitales : la faim, la soif, le sommeil, l'éveil et le stress...

L'engagement vital à court ou à long terme engendre 3 niveaux de stress :

- le **stress d'urgence**, lorsque **l'engagement vital est établi** : le parachute qui ne s'ouvre pas, une agression par arme blanche, la chute dans une crevasse... La sécrétion d'adrénaline est immédiate. C'est l'hormone de la survie par excellence. Elle induit une réaction réflexe musculaire immédiate pour s'extraire de cette situation à risque extrême ;

- **le stress d'attente, l'engagement vital est latent à court terme :** une marche dans un couloir d'avalanches, le passage sur une tyrolienne, la "mise au frigo" avant l'assaut... La sécrétion d'adrénaline, de cortisone et d'endorphine est durable pour permettre la mise en œuvre de stratégies d'évitement et/ou de progression ;
- **le stress d'usure, l'engagement vital est latent sur le long terme :** la torture physique ou psychologique, le harcèlement, le confinement... Il existe une réaction physiologique par la sécrétion de cortisone au long cours. Il est établi qu'une somme de mini-chocs peut entraîner à terme un phénomène de décompensation psychique, une désadaptation, voire un état réel de dépression.

Il est donc fondamental d'apprivoiser le stress en amont par la préparation physique, le conditionnement, le risque maîtrisé, l'aguerrissement, la survie et, en aval, par l'extraction psychique, sous peine de voir les agents stresseurs évoluer en bombe à retardement avec possiblement un **effet blast**, ou quatrième blast sur le psychisme de l'individu à distance de l'événement. C'est le cheminement possible vers un état de **stress post-traumatique**.

L'hypothalamus est en lien direct avec la glande surrénale responsable de la sécrétion d'adrénaline, ainsi que l'hypophyse qui secrète, d'une part les endorphines visant à diminuer le seuil de la douleur en cas de choc et, d'autre part, la vasopressine qui permet de limiter les pertes urinaires en élevant le volume sanguin dans le corps pour résister à ce même choc. En cas de blessures, l'on perdra alors moins de sang sous l'effet du stress pour poursuivre l'action sur un temps relativement court. Les dernières études sur ce sujet montrent la présence d'un neurotransmetteur, le "neuropeptide Y", dont la fonction est de réduire l'intensité du stress tout en préservant les capacités cognitives et décisionnelles du combattant dans l'action.

Pour prévenir l'agression et activer les mécanismes de défense, le phénomène **d'induction au stress** correspond à un **état de conditionnement mental** qui permet de préparer le sportif "OPS" à prendre conscience des différents niveaux de stress, afin de les réguler en augmentant ou en diminuant le niveau du tonus postural, d'anticiper le stress dans l'action par la visualisation perceptive, de s'adapter à la contrainte par l'habitude et la répétition des situations sous pression afin de garder son calme et prendre du recul face à l'événement stressant.

Ces **prédispositions psychiques** limitent les conséquences de l'impact lié au choc et diminuent les effets possibles du crash. L'on parle alors de **crash contrôlé**.

CHOC ET DÉCONDITIONNEMENT

Qu'est-ce qu'un choc ?
Un choc est un événement inattendu, traumatisant, grave, laissant des traces physiques et/ou psychiques. Une blessure, un coup, un divorce, la perte d'un proche sont quelques exemples de chocs ou de stress auxquels chacun d'entre nous peut être, un jour, confronté. Ils provoquent généralement une diminution des mécanismes de défense ainsi qu'une atteinte de son intégrité. Tout choc sur un corps physique engendre la propagation d'une onde potentiellement destructrice à l'intérieur de ce corps.

Un choc n'est donc jamais anodin. Il peut aboutir à un désengagement du combattant qui se traduit souvent par : un manque de volonté, un arrêt de l'entraînement, une démission physique. **C'est le point de départ du déconditionnement avec, inévitablement, des conséquences psychosomatiques associées.** Un déséquilibre se crée entre l'état de performance attendu, la pression du groupe et l'effort nécessaire pour maintenir un niveau de conditionnement appréciable et apprécié.

Le choc est souvent physique, mais peut parfois prendre une dimension psychique. Dans des conditions extrêmement dégradées ou lors d'une confrontation à la mort, le combattant peut développer un *état secondaire* ou état de stress **post-traumatique**. Il se caractérise par un état de tension psychologique intense d'un combattant exposé à une menace vitale. Il existe des signes physiques et psychiques d'alerte : accélération des pulsations cardiaques, augmentation de la fréquence respiratoire, frissons, sueurs et cauchemars. L'état de perturbation est bien réel. Il a pour conséquence d'anéantir la résilience et la combativité. Cela peut engendrer chez le combattant des peurs, des phobies et autres troubles psychiques. **L'homme évolue alors à découvert : il devient vulnérable.**

Le combattant est exposé dans son quotidien à de nombreux agents stresseurs (le bruit, la cadence, la pression, la douleur, la mort...). Ils peuvent parfois être responsables d'une détérioration psychologique sur le long terme. Une question se pose : *comment résister aux chocs ?*

Le sommeil est le seul antidote du stress. Il arrive parfois que le choc soit trop important et empêche le sommeil de jouer son rôle dans la récupération. La fatigue psychique qui s'ensuit entraîne inévitablement une "érosion" de la combativité ainsi qu'une baisse du niveau de vigilance.

Pour répondre positivement au choc, **le sportif opérationnel puise en permanence les ressources nécessaires pour maintenir son état de conditionnement en stimulant l'envie de faire, en pérennisant son désir d'effort, en évitant le repli sur soi, en anticipant dans l'action.**

Le choc est étroitement lié au stress. **L'anticipation, qualité indispensable aux parachutistes**, permet de prévoir un risque potentiel et de s'en accommoder. **Apprivoiser le risque ou la survenue d'un événement potentiellement dangereux** conduit le sportif opérationnel à réduire son degré d'incertitude par un conditionnement physique réaliste. En conséquence, l'automatisation gestuelle est un moyen de lutter contre la sidération psychique ou l'absence de réaction en situation de stress. Enfin, l'observation minutieuse du terrain est fondamentale durant la phase préparatoire au choc. C'est la raison pour laquelle l'entraînement opérationnel doit toujours se faire au plus proche de la réalité.

Le **reconditionnement** permet au sportif opérationnel déconditionné suite à un choc ou un traumatisme, de réintégrer rapidement son **unité de temps, de lieu et d'action**. Il rejoint son groupe de combat, son équipe ou son club sportif. Il participe, dans un effort de cohésion, à la même activité que celle de ses camarades. Il est à nouveau apte à prendre sa place pour faire face aux conditions périlleuses de son mode d'exercice sportif et professionnel. Il est immergé dans son activité et retrouve ses repères pour se réaliser dans l'action. Un corps conditionné et aguerri, réactif, peut être considéré comme un bouclier face à l'adversité, en somme une véritable *assurance-vie* pour le combattant.

"PROTECTION"
Commando en mode récupération

STRATÉGIE DE CONDITIONNEMENT

L'hygiène de vie sous-tend le physique, lequel sous-tend la combativité. Le sportif opérationnel se prépare physiquement à toutes éventualités. Il doit être autonome dans sa préparation et puiser en permanence dans ses ressources pour s'entraîner.

L'efficience physique est recherchée dans sa composante d'action. Lorsque la condition physique est atteinte, elle doit être entretenue. Le conditionnement s'opère progressivement, de par la capacité du sportif "OPS" à s'adapter à n'importe quelle situation. La diversité des sollicitations renforce l'apprentissage du combattant. Le type d'engagement ainsi que le retour d'expériences (RETEX) induisent la stratégie ou le type d'entraînement à mettre en place. Dans le cas particulier du **sportif "OPS" expert, la stratégie d'entraînement est spécifique** et s'adresse à des combattants d'élites et aguerris (commandos ou compétiteurs) ayant la capacité de maîtrise du combat. Ils sont, la plupart du temps, autonomes dans leur entraînement, il y a peu de blessures, car la gestuelle est contrôlée et maîtrisée. Ils connaissent la rusticité et la résistance à la fatigue. **Le conditionnement est opérant, le risque de déconditionnement est faible.**

Pour le sportif "OPS" novice, la stratégie d'entraînement est différente. Elle consiste à exercer son corps à l'effort sur le long terme. Il existe des disparités importantes d'un combattant à l'autre. L'encadrement doit en tenir compte. En premier lieu, il est nécessaire d'obtenir l'adhésion et l'implication du personnel dans l'activation de son potentiel physique. **C'est la phase préparatoire** au conditionnement ; elle vise à intégrer la logique de combat autour du choc, de la protection et de la mobilité, prérequis indispensables pour optimiser sa condition physique.

À terme, le combattant ressent les bienfaits de l'entraînement (loi de l'effet) par sa capacité à résister, progresser, se projeter : **c'est la phase exécutoire** du conditionnement **qui débouche sur l'aguerrissement.**

Attention, **le risque de déconditionnement est maximum**

durant la phase préparatoire pour le combattant novice. Il doit être encadré, rassuré et orienté. En clair, ne jamais relâcher la pression durant cette phase, c'est un bon indicateur d'adaptation du potentiel physique à l'effort intense.

Les cinq étapes du conditionnement physique :

- intensifiez la charge physique en effectuant des mouvements utiles tout en privilégiant la polyvalence physique ;
- augmentez la fréquence, la durée, l'intensité de l'entraînement en maîtrisant les risques du surentraînement ;
- diversifiez votre entraînement en tout lieu, en toute circonstance, en réduisant les temps de sommeil ;
- maintenez votre progression en intégrant l'économie gestuelle lors d'un effort ;
- renforcez votre rusticité en évoluant dans tous les environnements.

APTITUDE ET PROTECTION

L'aptitude physique est une nécessité professionnelle et sportive. Elle est le socle du conditionnement. Elle doit être maintenue tout au long de sa vie, en tenant compte de ses capacités, de son emploi, du sport pratiqué, des impératifs sociaux, ainsi que des difficultés récurrentes au maintien d'un entraînement régulier sur le terrain. Une bonne condition physique est une garantie, une protection sur sa vie ainsi que sur celle de son binôme. En effet, un soldat blessé au sol doit avoir la certitude que son compagnon d'arme a l'aptitude physique et le potentiel musculaire pour le traîner sur plusieurs mètres afin de l'éloigner de la zone de combat.

De même face à une situation de secours d'urgence, nous pouvons tous être amenés un jour à effectuer le geste qui sauve, qui protège et qui mobilise. Ceci implique une maîtrise parfaite de son potentiel d'action physique en toutes circonstances.

Il en va de la responsabilité de chaque sportif opérationnel de maintenir une condition physique optimale. Porter secours, se défendre, se protéger, combattre, mobiliser son corps sont des situations qui nécessitent un entraînement musculaire et fonctionnel régulier.

Dans les situations à risques, le combattant a la capacité d'agir **en flux d'actions.**

Sur le terrain, c'est toujours l'intentionnalité du mouvement qui compte.

FROG OPS

Le conditionnement physique passe par la rusticité qui débouche sur l'aguerrissement.

Pour éviter le processus de conditionnement, soyez préventivement combatif.

Les limites physiques et psychiques sont toujours celles que vous vous fixez.

Le sportif combattant trouve dans l'expérience physique une alternative au déconditionnement.

La réponse au choc procure force, courage et résilience pour résister au stress.

4
PHYSIOLOGIE

Le corps est dirigé par le cortex qui pense en mouvements et non en muscles. Les morphologies corporelles sont l'expression de nos gènes, mais aussi des forces induites par l'utilisation ou non de nos chaînes musculaires. Le corps humain est construit autour d'une charpente osseuse. C'est un assemblage complexe capable d'accomplir des actes moteurs exigeant précision, endurance et force.

Le sportif opérationnel, dans le cadre d'un exercice spécifique ou d'une activité physique soutenue, est amené à utiliser non pas un, mais plusieurs "cerveaux" asservis à des chaînes musculaires réflexes en tant que vecteurs d'énergie dans l'action. La préparation physique du combattant s'intéresse aux sources d'énergie responsables du mouvement utile et performant. Au demeurant, la performance gestuelle est toujours sous la dépendance du cerveau.

L'homme est doté de réserves énergétiques auxquelles il peut faire appel dans des situations de stress, ce qui est démontré dans des actes d'urgence, de combat ou d'autodéfense.

Au quotidien, l'homme n'utilise que rarement la force maximale de ses muscles. Il a recours le plus souvent à des potentiels ressources qui, lorsqu'ils sont stimulés, optimisent la fonction du corps.

CORTEX COMBATTANT

La neurophysiologie fait apparaître que le ***cerveau est une grande oreille*** à l'écoute de chaque partie de notre corps. Les neurobiologistes distinguent trois types de cerveau.

Le **cerveau reptilien** est essentiellement réflexe. Développé chez les amphibiens, il a un rôle de coordination comportementale chez l'animal. Il en est de même pour l'homme. Il est dirigé par l'instinct. Il recherche la sécurité. Il régit cinq types de comportements : *la répétition* (drill) d'un schéma gestuel ou d'une situation particulière, *l'imitation* par l'appartenance à un groupe, *l'orientation réactive* pour se guider, *la persévérance* par une adaptation et un apprentissage de la situation, enfin *le camouflage* par la capacité à se fondre dans l'environnement (frog).

Ces comportements induisent chez le sportif opérationnel la possibilité de réagir vite, instinctivement et de manière appropriée à une situation imprévisible tout en se protégeant contre le facteur d'agression.

Le **cerveau limbique** intervient préférentiellement dans les quatre fonctions de survie qui sont : l'*autodéfense* pour répondre à une attaque et protéger le groupe, l'*agressivité* visant à impressionner l'adversaire et prendre le dessus sur l'agresseur, l'*alimentation* pour maintenir l'énergie nécessaire au combat, l'*accouplement* pour préserver l'espèce. Il est dirigé par l'affect et donc soumis aux émotions. Il recherche la bonne information issue de l'expérience.

Le **néocortex** est le dossier système du cerveau. Il gère le traitement de l'*information*. Il se divise en quatre lobes qui régulent le *cognitif*, la *pensée*, le *mouvement* et surtout l'*intelligence*. Lors d'une situation de stress, le néocortex peut se figer, entraînant son inhibition. Toute réaction est alors impossible.

Le **cortex combattant** se trouve au carrefour des trois cerveaux. En effet, certaines situations de combat ou de compétition, voire d'engagement physique extrême, demandent systématiquement d'activer les cerveaux primitif, limbique et reptilien pour produire l'énergie nécessaire à la réaction, mais toujours sous le contrôle permanent du néocortex. C'est une forme d'intelligence du corps !

ÉNERGIE EN QUESTION

D'où provient l'énergie nécessaire à l'effort physique ?

Le carburant du sportif opérationnel est en premier lieu son alimentation. C'est la ressource essentielle et nécessaire pour l'apport énergétique quotidien. Ceci fera l'objet d'un chapitre spécifique à venir.

Le sportif opérationnel présente la caractéristique d'utiliser des filières énergétiques spécifiques en fonction du type d'engagement sportif : endurant et/ou développement de force. C'est ce que nous étudierons dans les paragraphes suivants.

Le corps a la capacité de maintenir un effort longtemps en utilisant des filières énergétiques différentes.

Nous distinguons classiquement trois types de filières.

- **La filière créatine phosphate est utilisée dans les efforts explosifs de 0 à 30 secondes. Elle ne produit pas d'acide lactique.**

C'est une filière qui ne nécessite pas d'oxygène pour produire l'ATP. L'ATP ou *adénosine triphosphate* est la principale source d'énergie utile pour la contraction musculaire. La transformation de l'ATP nécessite de puiser dans des réserves énergétiques de natures différentes.

La dégradation de l'ATP par une enzyme, la *myosine ATPase,* apporte l'énergie nécessaire au glissement des myofilaments d'actine et de myosine. La quantité d'ATP disponible dans le muscle assure une contraction musculaire efficace de quelques secondes.

En conséquence, **l'ATP se reconvertit en continu dans le muscle pour maintenir sa concentration**. C'est un processus que nous appelons : anaérobie alactique, c'est-à-dire sans apport d'oxygène.

Ce processus est utilisé chez le combattant dans les engagements physiques faisant appel à un effort d'intensité maximale immédiat : force explosive, détente pliométrique, vitesse gestuelle. Lors d'un exercice de sauvetage au combat "pick and run" sur 10 mètres, un assaut, un grimper de corde, 88% de la phosphocréatine sont dépensées dans les 5 premières secondes. Ce type d'effort est toujours très limité dans le temps.

▶ **La filière anaérobie lactique** est utilisée pour des efforts de 1 à 2 minutes. Elle produit de l'acide lactique.

La glycolyse anaérobie met en jeu la dégradation du glycogène en acide pyruvique fournissant aux muscles trois molécules d'ATP. En parallèle, un processus d'augmentation de la lactémie (acide lactique dans le sang) existe. Cette accumulation d'acide dans le muscle modifie la contraction de celui-ci. **Si l'acide lactique est pour certains le facteur limitant de l'effort, il semble bien au contraire que l'épuisement du muscle modifie en effet la concentration de lactates dans le sang et favorise la libération d'hormones anabolisantes permettant au muscle de se reconstituer en fibres plus grosses et plus résistantes.**

Ce type de filière est utilisé classiquement lors d'exercices séquencés : pistes d'audace, parcours d'obstacles, corps à corps.

"CHOC"
Force d'intervention en mode assaut

- **La filière aérobie** est utilisée pour des efforts de plusieurs heures en présence d'oxygène. Le stock des graisses est le principal carburant de cette filière.

L'endurance aérobie dépend de trois facteurs : **la $\dot{V}O_2$max** (consommation maximale d'oxygène pour une période donnée), **le métabolisme du corps et la thermorégulation.**

Pour le combattant, une marche d'approche en montagne, une reconnaissance de plages en eau froide, un raid dans le désert sollicitent la filière aérobie sous la dépendance, bien sûr, de l'environnement, des changements de milieux et des vecteurs de déplacement.

En pratique, le combattant peut être confronté à trois types d'efforts physiques dans des situations de course, de nage, de marche ou de combat :

- **je pars à fond, advienne que pourra.** Dans ce cas le combattant utilise la filière anaérobie alactique ; la puissance est élevée, mais l'effort ne peut être que de très courte durée avec un temps d'effort inférieur à 10 secondes. Ceci implique toujours un temps de récupération important.
- **je pars à bonne allure, je suis à la limite de l'essoufflement durant l'effort.** Nous nous situons, maintenant, dans le cadre d'un **compromis énergétique** permettant d'exploiter une intensité élevée de la filière aérobie sans production limitante de lactates.
- **je pars tranquille, je gère mon effort jusqu'au bout.** Le combattant utilise alors la filière aérobie. La puissance est fonction de la $\dot{V}O_2$max. L'effort peut durer plusieurs heures, il dépend du niveau d'entraînement du combattant.

Pour résumer, en partant à fond, le système cardiorespiratoire n'a pas le temps de fournir l'oxygène aux muscles. Le passage de l'état de repos à l'activité musculaire intense est toujours lié à une élévation de la dette en oxygène. L'approvisionnement des organes en oxygène est long à se mettre en place, même pour des niveaux d'exercices faibles. Les systèmes anaérobiques rentrent en action au détriment de la performance immédiate du combattant. **Le processus anaérobie provoque la libération d'acide lactique, injustement considéré comme responsable des crampes, des contractures et des courbatures.** Il importe de connaître les réactions d'adaptation de votre corps en le stimulant régulièrement pour l'habituer à une succession de situations de stress à l'effort. Chaque sportif "OPS" se voit doté d'une tolérance individuelle à l'épuisement physique. Lors de la récupération, la demande en oxygène reste élevée. Cela correspond à l'excès de consommation d'oxygène post-exercice ou EPOC. L'oxygène consommé pendant le temps de récupération sert à reconstituer les réserves utilisées au début de l'exercice.

Indicateurs d'intensités d'effort capacités physiques et filières énergétiques

Intensités d'effort	Durées	Capacités physiques	Filières énergétiques
Intensité maximale *"Je pars à fond"*	< 10 secondes	**Vitesse**	Anaérobie alactique *Créatine phosphate*
Intensité sous-maximale *"Je pars vite"*	1 à 2 minutes	**Résistance** **Dette en 02**	Anaérobie lactique *Glycogène*
Intensité prolongée *"Je pars tranquille"*	> 1 heure	**Endurance** **$\dot{V}O_2$max**	Aérobie *Glycogène/lipides*

Pour le sportif opérationnel, il est indispensable d'utiliser **régulièrement**, **successivement** et **progressivement** l'ensemble des filières énergétiques pour exploiter avantageusement tout son potentiel physique. Les Anglo-Saxons parlent d'un mode d'entraînement en **Interval Training**. L'objectif est de développer conjointement l'endurance, la résistance et l'explosivité. Nous reviendrons en pratique dans les outils TIP sur cette notion.

MUSCLES VECTEURS D'ÉNERGIE

Les muscles sont les organes du mouvement. Ils représentent 40 % du poids corporel chez l'homme. Ils assurent, entre autres, le travail biomécanique de la locomotion.

Le corps charnu du muscle est composé de faisceaux de fibres (séparés par du tissu conjonctif) et de cloisons aponévrotiques. **Les fibres musculaires peuvent être classées en rapides ou lentes** suivant la présence de structures protéiques complexes : les chaînes légères (MLC pour myosin light chain) et les chaînes lourdes (MHC, myosin heavy chain). Ces structures remplissent la même fonction et déterminent le mode de contraction du muscle, rapide ou lent.

Il y a toujours une dominante de fibres dans un muscle, mais jamais un seul type de fibres. La fibre musculaire, sous l'effet de l'entraînement, se modifie de par la nature de sa commande nerveuse, la nature des contraintes mécaniques imposées, la réponse des hormones à l'entraînement.

Un entraînement sportif régulier oriente ainsi la typologie de fibres rapides ou lentes présentes dans chaque muscle.

Comme nous l'avons vu précédemment, lors de la réalisation **d'exercices musculaires courts et intenses** avec charges maximales, c'est la filière anaérobie qui est sollicitée. Elle utilise, soit la dégradation des réserves en phosphagènes musculaires pour une durée d'effort inférieure à 10 secondes, soit le glycogène pour une durée d'effort de 2 à 3 minutes. **Elle est prépondérante pour développer les fibres rapides.**

La réalisation **d'exercices musculaires longs et intenses** avec charges sous-maximales sollicite la filière aérobie. Elle est impliquée dans l'augmentation des capacités oxydatives du muscle. **Elle favorise le développement des fibres lentes.**

RÉGIMES DE CONTRACTION MUSCULAIRE

Différents modes de contactions musculaires sont indiqués pour augmenter la force du sportif opérationnel.

Le **mode isométrique** est le mode de contraction sans raccourcissement du muscle.

C'est un régime musculaire employé en situation de combat pour maintenir une lance incendie chez le pompier, effectuer un plaquage au sol en sport de combat, tenir une position de tir. En situation de pratique sportive, ce mode est activé dans les exercices de gainage et d'équilibre.

Intérêts et limites pour le combattant :
Ce mode permet de tester la fatigabilité de l'ensemble des muscles. Par exemple, lorsque vous vous tenez sur un pied le genou fléchi ou lorsque vous prenez la position assise, le dos appuyé contre le mur, vos muscles sont sollicités sans que le corps ne soit en mouvement. Ceci favorise le développement des fibres lentes. En revanche cela n'entraîne pas de modification de prise de masse musculaire et n'a pas d'impact sur la coordination gestuelle.

Ce mode peut être utilisé dans des conditions extrêmes pour tester la **résistance psychologique** d'un individu à maintenir une position sans bouger le plus longtemps possible au-delà de l'épuisement. C'est une forme de supplice redoutable et déconseillée hors contexte d'aguerrissement.

Il existe **trois types de modes anisométriques** responsables d'un raccourcissement ou d'un allongement du muscle.

Le **mode concentrique** est le mode de contraction avec raccourcissement du muscle.

C'est un régime musculaire employé en situation de combat pour grimper à une échelle de corde chez le commando, effectuer une technique d'étranglement en sport de combat, ramasser un sac à dos au sol. En situation de pratique sportive, ce mode est activé dans tous les gestes de mobilisation d'une charge vers soi et plus spécifiquement dans les exercices de force.

Intérêts et limites pour le combattant :
Ce mode permet de développer la force vitesse, la force endurance, la résistance du muscle et au-delà des jonctions myotendineuses. En revanche, il est indispensable, pour être efficace, d'intégrer ce mode de contraction à une chaîne musculaire (en captage) dans le cadre d'un mouvement utile et fonctionnel.

Le **mode excentrique** est un mode de contraction avec éloignement des insertions musculaires ou allongement du muscle.

C'est un régime musculaire employé en situation de combat pour se réceptionner lors d'un saut, pour s'extraire d'un plaquage au sol en sport de combat, pour freiner une descente à pied en montagne. En situation de pratique sportive, ce mode est activé dans tous les gestes d'éloignement de soi d'une charge et particulièrement dans les mouvements d'esquive.

Intérêts et limites pour le combattant :
Ce mode permet de développer la force de freinage avec un rendement supérieur aux autres modes de contraction. En revanche, il engendre des traumatismes du tendon, voire de la jonction myotendineuse (muscle, tendon).

Le **mode pliométrique** est un mode de contraction excentrique, puis concentrique en allongement suivi d'un raccourcissement sans délai de récupération.

C'est un régime musculaire employé en situation de combat pour réceptionner du matériel et le poser au sol, pour effectuer un balayage suivi d'une attaque en sport de combat. En situation de pratique sportive, ce mode est activé dans tous les gestes d'éloignement de soi d'une charge et de mobilisation brève de cette même charge vers soi. La charge peut être son propre poids.

Dans le cadre des tests d'aptitude ou lorsque vous effectuez des pompes, vous poussez sur les mains pour remonter votre corps : c'est un mode de contraction concentrique. À l'inverse, lorsque vous fléchissez vos coudes pour redescendre : c'est un mode de contraction excentrique. Lorsque vous effectuez des pompes claquées, vous êtes sur un mode pliométrique.

Intérêts et limites pour le combattant :
Ce mode permet de développer la coordination et la synchronisation des chaînes musculaires. C'est un des modes de contraction que doit privilégier le sportif opérationnel, car il détermine son explosivité. En revanche, il sollicite l'organisme de manière importante et peut entraîner des traumatismes tendineux.

En pratique, **les différents modes de contractions musculaires interviennent tous successivement** au cours des activités engagées du sportif opérationnel. Ils concourent à l'augmentation de sa force, de sa résistance et de sa coordination. L'ensemble des modes de contractions musculaires doit être sollicité lors d'un entraînement opérationnel. Il privilégie les stratégies de mouvements utiles qui font intervenir les chaînes musculaires de captage et/ou d'éloignement, tout en respectant les temps de récupération.

CHAÎNES MUSCULAIRES "OPS"

Les muscles n'agissent jamais isolément lors d'un mouvement. C'est ainsi que l'on peut intégrer chaque muscle au sein de **chaînes musculaires.** Le mouvement s'oriente toujours autour de la précision, de la coordination et, si nécessaire, de la force et de la résistance.

Il existe des synergies opportunistes chez le combattant, permettant de saisir ou au contraire de repousser ou d'esquiver un danger potentiel.

Les chaînes **offensives de captage** sont une synergie de mouvement en **fermeture.** Elles font intervenir préférentiellement les chaînes musculaires antérieures en réponse à une sollicitation extérieure. Elles sont utilisées pour attraper, maintenir, serrer, percuter et rapprocher. Ce sont des chaînes de résistance adaptées à la survie. Elles utilisent la force vitesse, la force endurance et le gainage sur des postures de **transferts de charges** et de **tractions-tirages, poussées.**

Les chaînes **défensives d'éloignement** sont une synergie de mouvements en **ouverture**. Elles concernent, plus spécifiquement, l'ensemble des muscles du plan postérieur en réaction à une contrainte extérieure. Elles sont utilisées pour éviter, épargner, écarter et coordonner. Ce sont des chaînes de **protection** adaptées à la survie. Elles activent **l'esquive et l'équilibre, ainsi que l'économie du geste**.

Le sportif opérationnel négocie harmonieusement, dans le cadre de ses activités, l'usage des enchaînements musculaires en ouverture et/ou en fermeture. Il s'adapte à la situation du moment, en diversifiant les stratégies posturales et comportementales de captage et/ou d'éloignement. Il est à même de solliciter l'ensemble des chaînes musculaires sur une synergie de mouvement utile pour répondre et réagir de manière opportune à une situation offensive ou défensive.

"CHOC"
OPS en mode drill
TIP CHOC

RÉFLEXES ET POSTURES STRATÉGIQUES

Les réflexes posturaux chez le combattant s'expriment toujours dans l'action. La posture est une stratégie de positionnement des segments corporels, organisée autour d'une recherche permanente de l'équilibre dynamique ou statique : lors d'un mouvement, comme le fait de marcher sur une poutre glissante, ou en l'absence de mouvement, comme le fait de tenir sur une jambe, par exemple.

La position debout nécessite l'organisation et l'intégration d'un équilibre postural complexe régi par le système nerveux pour lutter, en premier lieu, contre la gravité. Toute modification de la position du corps entraîne des mécanismes de corrections ou de rattrapages pour rétablir les conditions d'équilibre.

Le contrôle de l'équilibre s'opère par la mise en jeu des réflexes posturaux. Les chaînes musculaires activées sont coordonnées par les récepteurs visuels, proprioceptifs, labyrinthiques (oreille interne) et asservis aux noyaux vestibulaires. Ces mécanismes d'adaptation interviennent dans l'ensemble des activités physiques du sportif opérationnel.

L'utilisation répétée de techniques réflexes d'esquives associée à l'apprentissage de la gestion de son corps dans l'espace concourt, progressivement, à la mise en place d'un répertoire de stratégies appropriées en réponse aux "sollicitations" liées à la lecture du terrain : ceci correspond à la **marge de progression**.

Pour le sportif "OPS", il convient de tester, dans le cadre de son aguerrissement, des situations de déséquilibre en modifiant le contrôle de la vue, le positionnement de son corps dans l'espace, l'instabilité au sol afin d'activer des réactions musculaires spécifiques et de développer, ainsi, son agilité. Ceci s'avère être particulièrement utile dans le cadre d'exercices de franchissement (tyrolienne, pont de corde, échelle spéléo...) ou lors de progressions au combat commando, de type assaut.

Un réflexe défectueux, comme le fait de trébucher sur un obstacle au sol la nuit durant une progression, ou la chute d'une échelle spéléo sans avoir la sensation de bien caler son talon sur les barreaux, peut avoir dans l'action des conséquences désastreuses, voire dramatiques lors d'une mission d'infiltration/exfiltration. D'où l'importance de travailler régulièrement les techniques, hors contrôle de la vue, pour favoriser les stratégies d'adaptation du corps dans l'espace sans notion de repères.

"PROTECTION"
Pilote de chasse en phase de coordination

FORCES EN PRÉSENCE

Le combattant dispose d'un arsenal de forces distinctes et efficaces pour s'entraîner.

Mécaniquement, la tension développée au niveau des tendons constitue la force musculaire.

Pour augmenter la force du muscle, la première méthode est d'augmenter son volume. On parle **d'hypertrophie du muscle.** C'est le travail de la force maximale avec charge maximale :

- **la force maximale : correspond au maximum de force que peut déployer le système neuromusculaire pour une contraction volontaire (Weineck 1986) ;**
- **le développement peut être dynamique dans le cadre d'une gestuelle de lancer, de traction, de poussée ;**
- **le développement peut être statique dans le cadre d'une gestuelle de soutien.**

Avantages : *elle permet d'atteindre le pic de force maximale ainsi que la densité du muscle.*

Inconvénients : *ce type d'entraînement nécessite un repos d'au moins 72 heures. Il présente un risque accru de lésions musculaires et tendineuses. L'hypertrophie du muscle se travaille exclusivement sur des phases courtes d'épuisement musculaire contre des résistances maximum.*

Utilisation : *le combattant mobilise une charge maximum sur quelques répétitions.*

Pour augmenter la force du muscle, il existe d'autres catégories de **"prises de force"**.

C'est le travail de la force sous-maximale avec charge sous-maximale en endurance et en vitesse :

- **l'endurance de force : c'est la possibilité de maintenir ou de répéter une contraction avec une force sous-maximale ;**

Avantages : *elle favorise l'hypertrophie ; la récupération est rapide, sous 24 heures. Le maintien du tonus postural prépare aux efforts de longue distance.*

Inconvénients : *il y a peu de mise en jeu nerveuse, la tension musculaire est souvent atteinte dans les derniers mouvements.*

Utilisation : *le combattant mobilise une charge entre 20 et 40% de la charge maximale sans limite de temps. La fatigabilité ou l'épuisement sont recherchés.*

- **La force vitesse** : c'est la capacité du muscle ou chaîne musculaire à résister à une force opposée, avec la plus grande vitesse de contraction possible ;

Avantages : *c'est le développement de la force de saut, de sprint, de frappe, de traction, de poussée, de lancer. Elle améliore la montée en charge physique et prépare aux efforts spécifiques.*

Inconvénient : *elle nécessite une quantité de travail importante.*

Utilisation : *le combattant mobilise une charge qui se situe entre 20 à 40% de la charge maximale, le plus vite possible sur un temps donné.*

- **La force explosive** : c'est la capacité pour un individu de faire varier son niveau de force en mobilisant, sans temps de récupération, une charge lourde, puis légère, à grande vitesse.

Avantages : *elle développe le contraste sensoriel et le recrutement maximum des unités motrices. Elle améliore la coordination. Elle augmente la fréquence d'activation des unités motrices.*

Inconvénient : *le caractère spécifique de ce type de travail est dépendant de l'activité sportive.*

Utilisation : *le combattant mobilise une charge de 20 à 40%, suivie d'une charge de 50 à 60% de la charge maximale, le plus vite possible sur un temps donné : c'est le principe du contraste de charge.*

FORCES UTILES ET PERFORMANCES PHYSIQUES

L'acquisition d'une force exceptionnelle de type *strong man* ou *body builder* ne rentre pas dans notre concept. Au quotidien, nous utilisons rarement le travail de la force maximale. En revanche, le travail d'épuisement contre des résistances sous-maximales à grande vitesse permet d'exposer les chaînes musculaires à des stress inhabituels et, ainsi, favorise le recrutement d'unités motrices à seuils d'excitabilité élevés. C'est tout l'intérêt du travail explosif qui prédomine dans le cas d'une préparation physique au combat.

"CHOC"
OPS en mode corde lisse

Le combattant qui favorise l'endurance de force possède un ratio plus important de fibres lentes que de fibres rapides induisant sur le "terrain" un rendement énergétique meilleur.

Le combattant qui privilégie la force vitesse et la force explosive développera, lors d'un combat, un corps à corps, un grimper de corde, une économie de mouvements, en recherchant l'efficacité du geste et en améliorant la vitesse de réaction musculaire, le recrutement et la synchronisation des unités motrices.

L'agilité, la réactivité et la répétitivité sont des qualités indispensables pour combattre. Ces qualités physiques ne laissent pas de place à la prise de masse, de volume et de poids, vecteurs de non performance dans l'action. **Pour combattre, la masse musculaire en excès est préjudiciable.** Elle sera pénalisante sur les pistes d'audace, sur les raids longue distance, sur la vitesse de déplacement avec charge.

Le niveau de performance du sportif opérationnel est, certes, lié à sa préparation physique, mais avant tout à sa capacité d'adaptation bioénergétique, à la prise en compte de son potentiel physiologique et à l'usage judicieux de ses chaînes musculaires.

FROG OPS

Le sportif combattant dispose des connaissances physiologiques et biomécaniques nécessaires pour entraîner son corps à l'effort en utilisant régulièrement l'ensemble des modes de contractions musculaires.

Les chaînes musculaires utilisées en captage ou en éloignement sont sous la dépendance du cerveau et réagissent par des voies réflexes lorsqu'elles sont stimulées en force, vitesse, endurance, explosivité et équilibre.

L'adaptation physique sous-tend l'usage approprié des potentiels ressources à l'effort trop souvent inexploités dans l'action.

5
PRÉPARATION

La préparation physique cherche à améliorer la performance du sportif opérationnel, par l'optimisation de ses moyens physiques et psychiques. L'expérience montre que le manque de diversité dans la préparation, le savoir-faire technique non maîtrisé et l'entraînement individuel sans orientation ou sans objectif sont souvent considérés comme des facteurs limitants pour la progression. De plus, une déficience physiologique peut être vécue comme un facteur d'échec voire de risques traumatiques chez le combattant. Il est donc impératif de s'astreindre à un conditionnement physique régulier et quotidien en se fixant des objectifs réalisables.

La préparation physique opérationnelle demande au combattant des efforts de haute intensité pour esquiver une attaque, résister aux menaces, réagir aux sollicitations, répliquer en force, s'extraire rapidement. Pour répondre de manière opportune à la pression physique et mentale, les forces prédominantes de l'organisme vont induire des contraintes mécaniques ciblées sur le corps du combattant ainsi que des stress psychiques normalisés sur son cortex.

Maîtriser les mécanismes de la préparation physique, c'est savoir se préserver tout en intégrant les bons réflexes liés à l'engagement physique. C'est aussi définir une stratégie permettant d'éviter le déconditionnement. C'est, enfin, accélérer la reprise de l'activité physique hors contrainte pour un combattant blessé.

Le sportif "OPS" maintient et accroît son potentiel d'action en favorisant l'économie du geste, tout en préservant sa sécurité physique et psychique.

SÉCURITÉ PHYSIQUE ET ACTION PSYCHOLOGIQUE

La plupart des sportifs s'entraînent dans un univers de sécurité. Ils fondent leurs efforts essentiellement sur l'aspect technique de l'entraînement et pour certains d'entre eux sur la performance et le résultat.

L'engagement physique en milieu hostile confronte en permanence le sportif "OPS" à des **situations d'insécurité.** Cela entraîne, comme nous l'avons évoqué précédemment, des chocs physiques, souvent accompagnés de chocs émotionnels par opposition à la **sécurité physique** où l'homme n'est alors exposé à aucun danger, aucun risque, aucune agression.

Le combattant a le courage de quitter ce qu'il connaît et ce qu'il maîtrise, pour se projeter vers l'inconnu, sans pour cela succomber à la peur. Cela se traduit par une gestion du risque potentiel, impliquant son corps, sa force et son esprit. C'est dans ce sens que le combattant cherche, en permanence, à se prémunir du stress, de la fatigue et d'une menace éventuelle.

Dans ce contexte, le sportif opérationnel s'entraîne le plus souvent possible, dans un univers contraint en ajoutant à l'effort ordinaire la composante d'aguerrissement et le risque. Cela fait toute la différence lors de l'engagement physique.

Il privilégie sur le terrain trois domaines d'actions :

- le domaine sensori-moteur par sa **technique ;**
- le domaine cognitif par sa **stratégie d'entraînement ;**
- le domaine affectif par sa charge en **stress.**

Face à l'insécurité d'une situation, **l'action psychologique** est, pour le sportif opérationnel, indissociable de **l'action physique.** Afin de répondre au mieux à une sollicitation extérieure, l'homme combattant harmonise en permanence l'esprit au corps.

Le stress survient : *"lorsqu'il existe un déséquilibre entre la perception qu'une personne a des contraintes que lui impose son environnement et la perception qu'elle a de ses propres ressources pour y faire face"* (définition de l'institut National de Recherche et de Sécurité).

L'on constate que les influx nociceptifs, l'anxiété, la peur (les agents stresseurs) entretiennent l'inhibition du combattant et, par conséquent, sont un frein à l'action physique. Il importe d'apprivoiser le stress par une meilleure connaissance de son corps, de ses limites et de son contrôle respiratoire pour catalyser positivement son énergie. Dans l'action, il est bon : de savoir se préserver (protection), de savoir se mobiliser (agir), de savoir se décontracter (relâchement actif) et surtout de savoir respirer (relâchement passif).

Le facteur stress est dans certaines situations critiques le moteur du corps. La *force de folie de l'incendie* correspond à l'acte de bravoure des femmes japonaises qui déplacent seules des charges extrêmement lourdes lors d'un feu de maison sous l'effet du stress.

En intégrant la composante d'insécurité à votre préparation, par la pratique d'exercices : les yeux fermés, chronométrés, en apnée ou associés à des tests psychologiques... *l'effort extraordinaire* est maintenant à votre portée. De fait, la première question que doit se poser le sportif opérationnel avant d'agir ou d'entreprendre une action est : *ai-je le potentiel psychologique pour tenir l'engagement physique que je me suis fixé ?*

Un échec à un stage, à une épreuve sportive, une marche commando ou une course engagée sont susceptibles de remettre en cause votre préparation. Le combattant se retrouve alors face à lui-même. Il s'interroge sur sa capacité à se transcender dans l'effort pour atteindre son but.

En conséquence, il faut accepter les journées "sans" : une baisse de performance, un passage à vide, une absence de volonté. Les facteurs de démotivation sont multiples : fatigue, surentraînement, répétitivité d'une activité, infection, changement de saison, régime alimentaire, phase de plateau dans l'entraînement.

L'action psychologique est le moyen pour le combattant de trouver son propre sens aux situations rencontrées. Il mesure à tout moment ses chances de réussite ou d'échec face au stress : cela correspond à la **marge de sécurité** ou résilience psychomotrice propre à chaque individu. Il peut maintenant répondre à la deuxième question : *puis-je m'engager sereinement en toute sécurité ?*

SOLLICITATIONS DU CORPS

La civilisation a plus souvent progressé grâce à la coopération des peuples, qu'à la survie du plus fort. Le plus fort aide le plus faible dans un effort de cohésion. Cette vision peut être appliquée à la préparation physique dans laquelle les parties les plus fortes du corps renforcent les plus faibles. Concrètement, dans le cadre d'un exercice physique, le transfert de force s'opère toujours du membre entraîné vers l'autre membre moins entraîné, c'est le *crossing effect* des Anglo-Saxons.

L'on rapporte que les *moines Shaolin*, pour s'entraîner et s'endurcir, grimpaient les marches d'un escalier en portant des jarres d'eau maintenues par une solive en bois. À travers cet exemple, la performance d'un entraînement est certes liée aux qualités motrices du sportif, à la perception kinesthésique (l'image de son corps dans l'espace), aux volumes de charge d'entraînement, aux fréquences des séances, mais avant tout aux ressources physiques intrinsèques du combattant trop souvent inexploitées.

Pour durer, le sportif opérationnel doit solliciter son corps en permanence, à l'entraînement et sur le terrain, par des exercices et techniques appropriés qui cherchent à développer : la force explosive, l'endurance, la vitesse, la coordination motrice et la répétition gestuelle propre aux activités de combat.

L'opérationnel doit posséder une bonne connaissance de son corps, de ses chaînes musculaires, de ses limites physiques et psychiques.

Cela nécessite un "process" rigoureux respectant d'une part les gestes professionnels et sportifs, les objectifs visés, les muscles sollicités et, d'autre part, les principes d'action : le type de renforcement envisagé, la sélection des progressions TIP (marge de progression) associés aux principes de précaution : les risques physiques, la prévention, le type d'outil d'entraînement utilisé, la résistance au stress (marge de sécurité).

La performance est possible quand on diversifie les activités. En effet les muscles sont plus performants lorsqu'ils sont activés avec précision et habileté pour répondre à un objectif de combat dans des situations aussi diverses qu'inattendues.

Le corps du sportif "OPS" répond aux exigences des activités qui lui sont imposées, il apprécie la diversité et s'oppose à l'inactivité ou la mono-activité.

"MOBILITÉ"
Commando en mode survie

DE L'ÉCONOMIE À L'EFFORT

Le combattant ne doit pas subir son effort mais au contraire devenir acteur de sa préparation physique et de son entraînement. La compréhension de la physiologie du sportif, ainsi que les mécanismes de régulation du corps font apparaître que les notions d'effort et d'économie musculaire ne sont pas incompatibles. De plus, l'expérience montre que l'amélioration de la technique du mouvement est souvent responsable d'une diminution des besoins énergétiques.

À l'origine le terme *effort* correspond à un blocage thoracique par la contraction des muscles de l'expiration (abdominaux) avec fermeture de la glotte. C'est un procédé que nous utilisons lors d'un travail nécessitant un développement musculaire important. Cette apnée volontaire et transitoire permet de rigidifier le tronc et l'abdomen afin de diminuer les contraintes en pression sur le rachis en assurant un ensemble solide et non déformable. Souvenez-vous, lorsque vous forcez pour dévisser un bocal ou tourner une vanne, vous cherchez l'énergie nécessaire en provoquant une apnée courte, ce qui vous donne la force d'effectuer le mouvement.

Il existe deux types d'efforts : **l'effort statique et l'effort dynamique.**

Dans le premier cas, l'effort se fait en apnée. L'adaptation respiratoire durant l'effort n'est pas possible. La récupération se fait après l'effort. La dette en oxygène est importante sur ce type de sollicitation.

Dans le deuxième cas, l'effort dynamique entraîne une adaptation de la fonction circulatoire. La phase de récupération persiste le temps nécessaire au paiement de la dette d'oxygène.

La notion d'effort englobe aussi l'aspect psychologique ou le caractère pénible de la tâche à accomplir, ce qui peut être un frein décisif pour certains !

En situation d'exercice, chaque mouvement peut être réalisé à l'économie ou à l'effort. Pour une même action, le combattant a le choix d'utiliser toute son énergie ou une partie de celle-ci. Prenons l'exemple du parcours du combattant et précisément, l'exercice de la fosse. L'objectif pour le combattant est de sortir du fossé le plus rapidement possible. Cela nécessite une dépense énergétique importante sur un type d'effort dynamique. Les plus habiles, les chats, réussissent à s'extraire par la combinaison de la maîtrise technique et l'usage de la puissance musculaire explosive. Pour les autres, le nombre de tentatives est proportionnel à l'état d'épuisement.

Vous avez sans doute remarqué la différence gestuelle existant, d'un combattant à l'autre, pour un même mouvement imposé, comme un grimper de corde, une marche commando ou une progression sous l'eau. Certes, la morphologie, le rapport poids-puissance, la technique influencent le résultat et sont parfois des vecteurs de moindres performances ou de contre-performances. Cependant, seule la répétition du mouvement permet de solliciter la chaîne musculaire cible sans "déborder" sur les muscles parasites qui accentuent inévitablement les dépenses énergétiques supplémentaires.

Dans les sports d'endurance de type triathlon, l'athlète organise son effort autour des activités effectuées et à venir, ce qui lui permet de répartir et prolonger son effort dans le temps. L'entraînement interagit sur la dépense énergétique. En effet, un combattant novice dépense 5 à 7% d'énergie en plus si on le compare à un combattant aguerri. L'énergie nécessaire à l'engagement physique dépend du type d'effort à fournir, de l'environnement et prend en compte la gestion de l'effort dans le temps.

Cette attitude est bien connue des commandos, qui utilisent, durant la phase d'approche ou phase d'engagement, **l'économie musculaire** par le relâchement, la préparation physique adaptée, la visualisation, la régularité du pas ou du "palmage", la concentration, l'hydratation, pour mener à terme un projet d'attaque, une course engagée, une "reco". Le sportif opérationnel garde *sous le pied* la réserve d'énergie nécessaire pour prolonger son effort dans le temps et se préparer aux changements de milieux.

"PROTECTION"
Commando en mode "reco" humint

C'est le secret de la performance sans fatigue ! Il existe un lien fort entre le relâchement et la fatigue. Le relâchement musculaire opère une activation du processus de récupération, ce qui assure un repos relatif des muscles durant l'activité. À l'inverse, une contraction diffuse et non maîtrisée des muscles induit une augmentation de l'apparition de fatigue. Le but est de terminer l'épreuve en ayant la sensation de pouvoir la poursuivre après la ligne d'arrivée.

Entre économie durant l'effort et dépense énergétique, **le sportif "OPS" utilise l'ensemble des filières métaboliques qui lui permettent d'évoluer avec le meilleur rendement possible, c'est-à-dire dans des conditions de dépenses énergétiques minimales pour un effort donné.** La gestuelle à l'économie revêt toute son importance en situation d'effort physique intense.

Dans le cadre d'une préparation physique au combat, le bon geste doit être répété inlassablement (processus de drill) pour faciliter l'acquisition des voies réflexes. En outre, l'on doit tenir compte de l'instinct propre à chaque individu, de l'opportunité du mouvement, et surtout de la capacité respiratoire qui rentre obligatoirement dans le processus d'économie musculaire.

PROGRESSION À L'ÉCONOMIE : RESPIRATION, ÉQUILIBRATION ET VISUALISATION

Dans le cadre d'un effort longue distance, nous avons tous été confrontés un jour au fameux "point de côté" qui correspond à une contracture du diaphragme mal oxygéné et bloqué en inspiration. Il est le révélateur du conflit qui s'exerce sur ce muscle lors d'une marche trop rapide à faible volume respiratoire et coûteuse en énergie. La douleur occasionnée disparaît en réalisant des expirations prolongées, bouche ouverte, en position d'accroupissement. Le diaphragme se relâche en remontant sous la pression des viscères.

Sur ce type d'effort, il est important d'allonger les temps expiratoires en soufflant et en adaptant sa respiration au relief. L'étirement régulier du diaphragme au repos participe activement au conditionnement respiratoire.

Étirement diaphragme

- couchez-vous sur le dos, les jambes en hauteur contre un mur ;
- expirez lentement bouche ouverte en continu ;
- diminuez la cambrure du dos en plaquant le dos au sol ;
- diminuez la cambrure cervicale en plaquant la nuque au sol ;
- privilégiez le temps d'expiration à l'inspiration, soufflez au maximum ;
- rentrez le menton et tirez la tête vers le haut.

La bonne respiration (apprentissage de l'étirement du diaphragme), la diminution du tonus postural (apprentissage de la décontraction ou relâchement musculaire), l'adaptation cardiorespiratoire face à un stress (apprentissage de la respiration relaxante) visent à diminuer volontairement la fréquence du rythme cardiaque de 10 à 30 %. Ce sont les vecteurs d'économie cardiorespiratoire durant l'effort. Ils interviennent simultanément au cours du mouvement pour le rendre fluide et sans contrainte.

Ces mécanismes sont testés chez les pilotes de chasse pour modifier le rythme cardiorespiratoire par des exercices spécifiques de relaxation et de concentration, à travers les **TOP® ou Techniques d'Optimisation du Potentiel**. L'objectif est de développer la capacité de résistance au stress durant l'effort en favorisant l'économie musculaire et la récupération.

Le sportif opérationnel progresse sur le terrain en utilisant toutes les informations dont il dispose à partir de ses organes moteurs, cardiorespiratoires, sensoriels, sensitifs et réflexes pour activer une gestuelle élaborée, ce qui lui permet de se mouvoir à l'économie.

"MOBILITÉ"
Pilote de chasse en phase de visualisation

La gestuelle est sous la dépendance de trois types d'entrées : l'œil, le vestibule (équilibre, oreille interne), les appuis au sol. Il est possible d'en percevoir toute son efficacité en annulant successivement les informations fournies par ces récepteurs. Il suffit pour cela d'effectuer un test simple en vous demandant de tenir debout sur le sol, sur une jambe, en fermant les yeux et en agitant la tête dans tous les sens. C'est généralement la chute ! Le système permettant de maintenir l'équilibre est automatique, l'homme n'en a pas conscience. Il utilise des mécanismes d'adaptation ou réflexes posturaux pour corriger les attitudes, les mouvements, les gestes parasites, mais également pour récupérer un état de déséquilibre. Ces mécanismes réflexes contribuent, lorsqu'ils sont entretenus, à l'économie du geste dans l'instant. Le rendement optimum passe par le développement d'automatismes moteurs. C'est pourquoi durant les phases de protection (phase de coordination, équilibre, économie du geste) et de mobilité physique, il est primordial d'apprendre à diminuer volontairement le tonus de ses muscles, lors de l'exécution d'une activité intense, en marchant, en courant ou en nageant léger !

Sur le terrain, le simple fait de trébucher par manque de vigilance, le plus souvent lié à un état de fatigue lors d'une marche en milieu accidenté de type commando, peut etre coûteux en énergie sur le long terme. D'où l'intérêt de porter une attention particulière à son mode de propulsion ainsi qu'à son vecteur de déplacement. Le pied fonctionne comme un amortisseur. Il prend en charge 120 % du poids du corps lors de l'attaque du talon au sol. L'onde de choc qui se propage présente une vitesse qui avoisine les 350 km/h ! L'efficience de l'amortissement absorbe 50 % de l'onde de choc. Un défaut morphologique non corrigé, un mauvais chaussage, un surpoids, une ampoule mal soignée peuvent être à l'origine de microtraumatismes, de tendinites, de douleurs du dos entraînant, à terme, une incapacité à l'effort et de fait un "déséquilibre" dans la propulsion... En définitive, un déplacement à pied longue distance se prépare toujours avec le bon angle d'attaque !

Prévention et marche commando

- coupez vos ongles droit régulièrement ;
- portez des chaussettes techniques à votre pointure et ajustées à vos pieds ;
- portez deux paires de chaussettes l'une sur l'autre ;
- gardez les pieds propres et secs ;
- soignez et séchez vos ampoules ;
- aérez vos chaussures ;
- lacez vos chaussures de manière souple.

Le ***commando shuffle*** correspond, pour les Anglo-Saxons, à la marche rasante des forces spéciales "SAS" qui évoluent sans effort, avec une charge importante (sac à dos menhir), sur une longue distance durant la phase d'infiltration. La caractéristique de cette marche réside dans un mouvement alternatif des pieds qui se posent à plat en restant longtemps au contact du sol, en glissant à la surface, avec un déroulé du pas sans à-coup et sans bruit. **Le combattant éprouve une sensation de fluidité dans le mouvement sans effort.**

Ce mode de déambulation en charge, économique et discret, augmente significativement la vitesse de locomotion du combattant et diminue d'autant la fatigue tout en épargnant ses forces dans le temps.

Le commando shuffle ou marche rasante des forces spéciales

- amortir l'onde de choc lors de l'attaque du pied au sol ;
- glissez les pieds au sol ;
- évitez les mouvements verticaux ;
- diminuez l'angle de flexion des genoux (se rapprocher du sol) ;
- soufflez sur les changements de pente ;
- observez le terrain loin devant ;
- soyez alerte sur chaque pas et souple sur les appuis.

"MOBILITÉ"
OPS en mode progression

PRISE EN COMPTE DES RISQUES

Les risques de traumatismes font partie du quotidien du sportif opérationnel. **La blessure n'arrive jamais par hasard.** Elle est le fruit d'un ensemble de facteurs impliquant fatigue physique, surentraînement ou manque d'entraînement ainsi que stress.

Il existe des limites intrinsèques qui sont : l'âge, le sexe, le morphotype, l'hygiène de vie comme nous l'avons vu précédemment, ainsi que des limites extrinsèques : la qualité de la préparation de l'entraînement, la quantité d'entraînement, la récupération, le matériel utilisé, enfin le geste sportif ou le geste de combat.

Tout geste répétitif réalisé avec excès de force dans une amplitude non maîtrisée peut entraîner, à terme, des lésions irréversibles des éléments musculo-tendineux. Dans cette optique le sportif "OPS" doit adapter et contrôler sa gestuelle en permanence. D'où l'intérêt de diversifier les activités pour éviter les pathologies d'hyper-utilisation.

L'entraînement est pourvoyeur de traumatismes avec par ordre de fréquence chez le sportif "OPS" : les lombalgies, les entorses, les tendinopathies, les lésions musculaires et les fractures de fatigue. L'entraînement n'est donc surtout pas anodin. Les activités mises en cause dans la survenue de blessures sont, en premier lieu, les déplacements à pied avec charge, les franchissements d'obstacle, le corps à corps, le combat urbain, les sports collectifs, les réceptions de sauts. Dès lors que l'engagement physique est intense sans que le risque potentiel lié aux contraintes physiques ait été préalablement envisagé, l'incidence de blessures sportives est bien réelle.

L'excès d'entraînement ou surentraînement semble être aussi un facteur de prévalence des risques de blessures musculo-squelettiques. Le taux augmente en fonction du volume d'activités physiques hebdomadaires. **Dans ces conditions, la capacité d'entraînement doit être progressive.** La charge d'entraînement doit permettre aux combattants de pratiquer des activités adaptées à la fonction musculaire ainsi qu'aux spécificités d'emploi.

Prévention, surentraînement

- tenez compte des signes avant-coureurs de fatigue ;
- recadrez votre entraînement en permanence ;
- évitez les entraînements sans objectif ;
- privilégiez l'entraînement fonctionnel et utile ;
- adaptez votre nutrition à l'effort ;
- reposez-vous suffisamment entre vos séances d'entraînement.

Le manque de préparation physique associé à un défaut de maîtrise de l'activité est une source potentielle de traumatismes. La littérature rapporte *"qu'un faible niveau de condition physique correspondant à une pratique sportive peu intense, chez un personnel ayant des conduites addictives comme le tabac ou l'alcool, augmente sensiblement le risque de blessures"*. En définitive, il n'y a pas une cause, mais un ensemble de facteurs qui aboutissent à "l'accident physique".

Dans le chapitre "Risques" nous envisagerons des solutions de terrain, efficaces et rapides, pour faciliter votre prise en charge autonome dans l'attente d'un avis médical.

MESURES DE LA PERFORMANCE CARDIORESPIRATOIRE

Certains exercices physiques en condition de stress maximum sollicitent intensément le système cardio-vasculaire. Le sportif opérationnel est sensibilisé et entraîné à l'augmentation brutale du rythme cardiaque, lors d'un effort intense. Cette sollicitation d'urgence nécessite d'une part une adaptation du système cardio-respiratoire chez le combattant et, d'autre part, une connaissance approfondie des moyens de contrôle et de régulation du système cardio-vasculaire sur le terrain.

Le moteur de la performance est en premier lieu la pompe cardiaque. Tout sportif opérationnel a l'habitude de prendre son pouls au repos au niveau radial ou carotidien pour connaître sa **fréquence cardiaque de repos (FCR)**. Elle correspond au nombre de battements du cœur par minute. Elle augmente en fonction de l'intensité de l'effort. En moyenne la fréquence cardiaque de repos est de 60 à 70 pulsations/minute. Elle peut descendre au repos à 40, parfois moins, chez un sportif endurant et se stabiliser entre 70 et 80 chez un combattant déconditionné ou en état de surmenage.

Il faut distinguer la fréquence cardiaque de repos (FCR) de la **Fréquence Maximale Théorique** ou **(FMT)**.

La fréquence cardiaque maximale est estimée à partir de différentes formules, la plus utilisée étant la suivante :

FMT = 220 - l'âge.

Au demeurant ceci ne reflète pas toujours la réalité du terrain. Chez un individu sain, la FCmax peut toutefois être supérieure ou inférieure à cette valeur "théorique". Par ailleurs, cette formule n'est pas applicable si vous prenez certains médicaments comme les bétabloquants par exemple.

En pratique, il est préférable de réaliser un test de terrain d'évaluation indirect de la $\dot{V}O_2$max comme le **test navette de Luc Léger.**

Luc Léger a décrit un test de course navette dans lequel le combattant effectue des allers et retours entre deux bornes distantes de 20 m, avec augmentation progressive de la vitesse toutes les deux minutes pour atteindre une valeur de VMA ou Vitesse Maximale Aérobie lors du dernier palier. La VMA est la vitesse à laquelle le système de transport d'oxygène et son utilisation par les muscles est au plus haut niveau. Ce test n'est au demeurant fiable que chez un sujet entraîné pour cette épreuve. Sinon on préférera les tests de type "VAMEVAL".

La méthode la plus fiable reste la réalisation par un médecin spécialisé d'un test d'effort avec mesure direct de la $\dot{V}O_2$max. Cet examen permettra d'obtenir des valeurs précises de FC d'entraînement, sans utiliser des formules approximatives. Il est vivement conseillé chez les combattants de plus de 40 ans.

Au cours d'un exercice d'intensité croissante, la consommation d'oxygène augmente en fonction de la puissance développée durant l'effort pour atteindre une valeur limite qui représente la consommation maximale d'oxygène : c'est la fameuse $\dot{V}O_2max$! Elle est influencée par des paramètres génétiques, nous ne sommes pas tous égaux ! Mais aussi par l'entraînement (elle augmente parallèlement au volume d'entraînement). Sa valeur varie avec l'âge pour atteindre son maximum à 20 ans et se stabilise entre 20 et 30 ans. Elle décroît au-delà ! D'où l'intérêt de débuter un entraînement jeune avant 20 ans !

L'entraînement du combattant intervient dans la longévité de performance pour maintenir une $\dot{V}O_2max$ élevée par la régularité de l'effort. Pour obtenir une **fréquence cardiaque d'entraînement** (FCE), nous utilisons la formule suivante FCE = FCR + % de $\dot{V}O_2max$ (FCM –FCR) ou **fréquence cardiaque cible**.

Calcul de la fréquence cardiaque cible

1 ▶ Fréquence cardiaque maximale prévue pour votre âge = 220 - âge (années) pour les hommes, 226 - âge (années) pour les femmes.
2 ▶ Pour trouver les 60 % de votre fréquence cardiaque maximale : multipliez le chiffre obtenu en 1) par 0,6.
3 ▶ Divisez ce chiffre par 6 pour obtenir le nombre de pulsations pour 10 secondes.
4 ▶ Pour trouver les 90 % de votre fréquence cardiaque maximale : multipliez le chiffre obtenu en 1) par 0,9.
5 ▶ Divisez ce chiffre par 6 pour obtenir le nombre de pulsations pour 10 secondes.

Par exemple, la zone cible de la fréquence cardiaque pour un sportif "OPS" de 30 ans serait :

220 - 30 = 190
190 x 0,6 = **114**
114/6 = 19 pulsations pour 10 secondes
190 x 0,9 = **171**
171/6 = 29 pulsations pour 10 secondes

La zone cible de la fréquence cardiaque se situe entre 114 et 171 pulsations/min ou entre 19 et 29 pulsations pour 10 secondes.

Pour résumer :

- la FC pour un travail foncier est égal à 70 % de la FCmax ;
- la FC pour un travail d'endurance est égal à 85 % de la FCmax ;
- la FC pour un travail fractionné est égal à 95 % de la FCmax.

Attention, lors d'un effort épuisant en force, en fréquence de mouvements, en puissance, des mécanismes d'adaptations, cardio-respiratoires peuvent être responsables d'un état possible d'épuisement local, caractérisé par un blocage thoracique et circulatoire.

D'autres facteurs peuvent avoir une influence sur les mesures de VMA et de FCM comme les conditions de stress, l'environnement climatique (chaud /froid), la fatigue... Dans ces conditions, nous vous conseillons d'effectuer les tests de FCM impérativement sous contrôle médical.

La **fréquence cardiaque de récupération** correspond pour le combattant à un retour à une fréquence cardiaque de quasi repos.

Surveillez votre fréquence cardiaque

Mesure de l'intensité de l'effort :

- vérifiez votre fréquence cardiaque au réveil ;
- contrôlez votre fréquence cardiaque à l'effort en restant dans votre zone cible ;
- testez votre fréquence cardiaque à distance de l'effort.

L'entraînement augmente la fréquence cardiaque pour fournir aux muscles l'oxygène et les nutriments nécessaires à l'effort physique. Il est important de prendre votre fréquence cardiaque avant, pendant et après l'effort, ce qui vous permet de mesurer la capacité d'adaptation et de récupération de votre cœur à l'effort. D'autres paramètres influencent la FC de repos et la FC d'effort. En cas de dérive constatée, il est important de consulter un spécialiste.

Mesure de récupération après effort

À la phase de récupération passive lors de l'arrêt de l'effort, la fréquence cardiaque doit diminuer de plus de 40 pulsations après 2 minutes et plus de 70 pulsations après 5 minutes.

Si le retour à la normale de la FC ne respecte pas ces valeurs, vous êtes dans un état de déconditionnement physique. La mise en place d'un entraînement régulier s'impose.

En pratique, pour mesurer votre fréquence cardiaque, prenez votre pouls carotidien (pouls de la survie), c'est le plus simple et le plus rapide à sentir, en positionnant deux doigts latéralement sous la gorge, le long du cou sans trop appuyer. Comptez maintenant le nombre de battements par minute (sur 15 secondes x 4).

Au-delà des formules ($\dot{V}O_2$max, FCM, FCE), certes importantes pour mesurer une performance et affiner sa progression mais pas toujours réalisables en condition de terrain, il convient de s'écouter et de comprendre que lorsque vous êtes sur un effort violent d'intensité maximale, votre entraînement se situe alors entre 90 à 100 % de la FC max, l'effort ne peut être maintenu que durant quelques secondes. Une diminution de l'effort permet de maintenir votre cadence sur une période de 5 à 10 minutes sans toutefois pouvoir parler facilement, vous êtes maintenant entre 80 et 90% de votre FCM. Vous pouvez maintenant recommencer à parler, à penser et réfléchir durant l'effort, votre FC max oscille entre 70 et 80%.

En résumé :

- intensité d'effort maximum : FC max durant quelques secondes ;
- entre 90 et 95 % d'intensité d'effort : FC max quelques minutes ;
- entre 80 et 85 % d'intensité d'effort : FC max autour de 30 minutes ;
- 70 % d'intensité d'effort : FC max longue durée...

Le tableau des zones d'entraînement et de vigilance permet de situer votre effort en fonction de l'intensité de la progression corrélée au rythme cardiaque moyen (pouls) pour un homme de 30 ans pesant 70 kg.

Zone d'entraînement	Début d'activité pouls	Fin d'activité pouls	Vigilance
50-60%	130	142	Conversation possible
60-70%	142	154	Conversation possible
70-80%	154	166	Conversation possible
80-90%	166	178	difficile
90-100%	178	**190**	**Quelques mots**

Le travail à l'aide d'un cardio-fréquencemètre est intéressant chez le combattant novice pour apprendre à maintenir un effort à un niveau d'intensité exigé par l'activité. Il peut être aussi utilisé dans le cadre d'une reprise d'activité physique faisant suite à un état de déconditionnement. Il présente moins d'intérêt chez le combattant aguerri ou élite qui connaît et maîtrise parfaitement son potentiel d'adaptation cardiaque à l'effort.

"La performance sportive se mesure en points gagnés, temps mis pour courir un trajet, hauteur ou longueur des sauts, poids soulevés, distance d'un jet... Dans tous les cas, ces exploits sont accomplis par des personnes dont la volonté a soumis leur corps à un entraînement exigeant. En ce sens le corps est le moyen de la performance ; le désir est ancien d'en objectiver l'efficacité et les potentialités."

Axel Kahn
Président de l'université Paris Descartes

CHECK-LIST PHYSIQUE "OPS"

Avant de vous engager dans un effort intense, nous vous conseillons de contrôler les 7 points suivants :

- le poids du corps ;
- l'appui des pieds ;
- la longueur des jambes ;
- l'écartement des genoux et des chevilles ;
- la "cambrure" du dos ;
- la résistance de vos abdominaux et de vos muscles lombaires ;
- la tension de la chaîne musculaire postérieure.

Le poids du corps

Un excès de poids fait toute la différence : pour grimper à une corde, sortir d'un trou, effectuer un marathon. Sur 40 km de course, chaque pied prend contact avec le sol plus ou moins brutalement entre 10 500 fois et 26500 fois (20 000 à 50 000 pour les deux pieds). Si votre masse corporelle est de 75 kg pour 1,80 m la charge supportée par les deux pieds est de **7 875 tonnes** ! (75 kg x 3 fois votre poids x 35 000 collisions plantaires) ?

Si vous perdez 10 kg, l'impact ne sera plus que de 4 000 tonnes.

En conclusion, une perte de poids équivaut à un gain de temps, un gain de vitesse et à une diminution du risque de blessure.

En pratique chaque combattant doit connaître et maîtriser son IMC ou indice de masse corporel.

L'IMC est égal au rapport du poids (en kilogrammes) sur le carré de la taille (en mètres). Cet indice, relativement fiable, est considéré comme normal entre 18,5 et 24,9 kg/m^2.

$$\mathbf{IMC} = \frac{\mathbf{Poids}}{\mathbf{Taille \times 2}}$$

Il existe des normes IMC chez les sportifs opérationnels qui oscillent entre 23 et 25 kg/m^2. Au demeurant il n'est pas rare de trouver dans les unités spéciales, ou chez des sportifs "OPS" aguerris, des IMC de 26 ou 27 kg/m^2 signant un léger surpoids sans adiposité, compatible et nécessaire pour certaines activités opérationnelles. En revanche, une IMC à 28 ou 30 kg/m^2 chez un combattant novice demeure préoccupante, elle signe à terme un risque d'obésité avéré.

L'appui des pieds

Classiquement, vous avez des pieds plats à pronation exagérée lorsque vous usez le bord interne de vos chaussures ou un pied creux à supination exagérée (attitude inverse) quand le bord externe de votre chaussure est usé.

Le risque d'entorse de cheville est plus favorable dans le deuxième cas. Pour tester vos appuis, prenez une feuille de papier, marchez dans la terre et posez les pieds sur la feuille. Vos empreintes apparaissent !

En pratique pensez à renforcer vos muscles péroniers latéraux, stabilisateurs et protecteurs de votre cheville.

La longueur des jambes

Le fait d'avoir une jambe plus courte que l'autre peut avoir une incidence sur votre avenir physique. **Il est généralement admis qu'une différence de moins de 2 cm entre les deux jambes ne se corrige pas.**

Pour vérifier la longueur, il vous suffit d'être face à une glace.

Marchez sur place puis marquez à l'aide d'un feutre les deux proéminences osseuses pointues du bassin de part et d'autre de l'ombilic (nombril). Prenez un niveau à bulle et constatez que la bulle se trouve bien dans l'axe médian.

Puis mesurez la longueur des tibias en étant assis sur une chaise en posant le niveau sur les genoux. Si la bulle n'est pas centrée c'est que l'un des tibias est plus court.

En pratique, si vous constatez une légère différence, cela peut être préjudiciable lors d'un engagement physique : consultez alors un spécialiste qui vous prescrira une radio des membres inférieurs et vous conseillera éventuellement sur le port de semelles correctives.

L'écartement des genoux et des chevilles

Le genu varum : debout face à la glace, les pieds sont joints. Le sportif combattant normo axé a les deux chevilles et les deux genoux qui se touchent. Si vous constatez un écartement au niveau des genoux, vous avez les jambes arquées.

Ce n'est, en aucun cas, une contre-indication pour la pratique sportive, bien au contraire, car l'équilibre des membres inférieurs s'en trouve amélioré ; toutefois pour le combattant désireux de pratiquer une activité de parachutisme militaire, ceci peut être un facteur défavorable.

Le genu valgum : c'est l'inverse, les genoux se touchent mais pas les chevilles. Cette tendance morphologique est plus rare chez le combattant.

En pratique le genou est une articulation intermédiaire qui est sans cesse sollicitée en pivot lors d'activités sportives. Il convient de renforcer les muscles latéraux stabilisateurs du genou.

La cambrure du dos

Mettez-vous debout le dos à plat contre un mur, les genoux tendus, et vérifiez qu'il n'est pas possible de passer votre main dans le bas du dos. La cambrure signe une inclinaison du bassin en avant. Cette position de lordose peut déclencher des douleurs lombaires et, dans certains cas chez le sportif, être responsable d'une fracture de fatigue de l'épineuse de la dernière vertèbre lombaire.

En pratique le combattant fortement "lordosé" (très cambré) a tout intérêt pour durer, à étirer régulièrement son plan musculaire postérieur (face postérieur des jambes, muscles ischio-jambiers et triceps).

La tension de la chaîne musculaire postérieure

Mesurez la souplesse de votre chaîne postérieure. Pieds joints, jambes tendues, penchez-vous en avant et venez toucher vos orteils avec le bout des doigts. Puis évaluez la distance entre le sol et vos doigts. Si vous touchez le sol avec la paume de vos mains, les étirements des ischio-jambiers et du triceps ne sont pas nécessaires, les risques de blessures musculaires sont réduits.

En revanche, si la distance est importante (supérieure à 15 cm) ou si vous effectuez des efforts intenses, vous devez pratiquer des étirements réguliers pour éviter : contractures et déchirures musculaires des muscles du plan postérieur. L'étude concernant l'évaluation physique d'un cours de nageurs de combat sur une activité de palmage durant plusieurs mois, met en évidence que l'extensibilité des muscles ischio-jambiers évolue au fil du temps vers une raideur musculaire à l'effort. C'est un facteur potentiel de traumatismes au fil de l'eau et donc d'échec pour certains. Alors, pour durer sur des efforts longue distance, il est préférable de mettre en tension régulièrement sa chaîne musculaire postérieure (sans à-coup).

La résistance des abdominaux et des lombaires

Ce n'est pas un secret, une ceinture abdominale de qualité permet de porter lourd et longtemps. Pour les abdominaux, le test consiste à se redresser jusqu'à la position assise les bras croisés sur les épaules, les pieds à plat au sol non maintenus. Sur une période d'une minute, comptez le nombre de redressements afin d'objectiver votre niveau. Ce test est couramment employé pour indiquer l'aptitude du sportif combattant.

Pour vos muscles lombaires, le test consiste à s'allonger sur le ventre, un coussin sous le bassin, les mains sur la nuque. Sans creuser le dos, le buste se redresse durant 30 secondes.

En pratique si la réalisation de ce test est difficile, il vous faut renforcer les muscles de votre dos en gainage ainsi que vos abdominaux.

La "check-list physique" préventive en 7 points est révélatrice de votre potentiel physique. Elle a pour objectif de mieux vous connaître et, le cas échéant, de vous alerter sur un risque physique latent lors d'un futur engagement sportif.

CONTRÔLE PHYSIQUE "OPS"

Le contrôle de la condition physique est la base de votre conditionnement. **Avant de vous engager dans un effort intense, nous vous conseillons de réaliser les 7 tests suivants dans le but d'évaluer votre potentiel physique à l'effort.**
Il est conseillé de réaliser 3 tests durant l'année, afin d'identifier vos déficits et d'aborder sereinement votre progression.

Conduite à tenir avant les tests physiques "OPS"

- ne mangez pas, ne buvez pas de boissons contenant de la caféine, ne fumez pas deux heures avant les tests ;
- ne consommez pas de boissons alcoolisées six heures avant les tests ;
- ne faites pas d'activité physique quatre heures avant les tests ;
- concentrez-vous et visualisez mentalement les activités à venir.

1 • Course à pied :

- **Puissance :** effectuez sur une piste de 400 mètres six tours pour une distance totale de 2400 mètres. Le temps moyen doit être de 1 minute 20 secondes par tour de piste.

- **Endurance :** effectuez sur une piste de 400 mètres vingt tours. Le temps moyen doit être 1 minute 40 secondes par tour de piste.

Objectifs : évaluer votre degré d'endurance et d'explosivité en dynamique.

2 • Les pompes :

Effectuez le maximum de pompes en 30 secondes. Le nombre moyen est de vingt pompes.

Objectif : évaluer l'endurance musculaire des membres supérieurs en charge partielle.

3 • Les tractions :

Effectuez le maximum de tractions en pronation sans notion de temps. Le nombre moyen est de quatre tractions.
Objectif : évaluer l'endurance musculaire des membres supérieurs en charge totale.

4 • La chaise (Killy) :

Tenez la position chaise, dos plaqué au mur. Le temps moyen doit être compris entre 2 minutes et 4 minutes sans trembler.

Objectif : évaluer l'endurance des membres inférieurs (quadriceps).

5 • Les abdominaux :

Effectuez le maximum d'abdominaux, les pieds libres, en 1 minute. Le nombre moyen est de 40 abdominaux.

Objectif : évaluer l'endurance de la sangle abdominale.

6 • Le gainage :

Tenez en position de pompe sur les avant-bras semi-fléchis le plus longtemps possible. Le temps moyen doit être compris entre 50 secondes et 2 minutes sans trembler.

Objectif : évaluer l'endurance des muscles abdominaux et lombaires en statique.

7 • Le saut :

Placez un repère sur le mur préalablement à 30, 40 et 50 cm au-dessus de l'allongement maximum de vos bras. Sans élan, testez l'explosivité des membres inférieurs en posant la main sur la surface du mur le plus haut possible et mesurez.

Objectif : évaluer la détente des membres inférieurs en dynamique.

La durée totale des tests du contrôle physique "OPS", si l'on tient compte des temps de préparation et de récupération, est de 45 minutes. Pensez à vous hydrater entre chaque test.

ÉVALUATIONS PHYSIQUES "OPS"

	Test 1	Test 2	Test 3
Course à pied "puissance"			
Course à pied "endurance"			
Pompes			
Tractions			
Chaise (Killy)			
Abdominaux			
Gainage			
Saut			

POIDS ET ENTRETIEN PHYSIQUE

Comme une mécanique de précision, le corps du combattant est très sensible à l'absence d'entretien physique. Depuis l'épopée de l'Homme dans l'espace, nous savons que les conditions d'apesanteur des astronautes entraînent une modification de typologie des fibres musculaires au détriment des fibres rapides.

Des études menées sur le muscle par la NASA montrent que le muscle inactif s'atrophie rapidement. En restant assis durant 3 jours, vous perdez 5 % de votre force. Il en est de même lors d'une chirurgie du membre inférieur, où la sidération (abolition du tonus musculaire) d'un muscle quadriceps entraîne une diminution du volume musculaire de la cuisse de 30 % en une semaine ! Six mois d'activités intenses sont nécessaires pour récupérer un volume presque identique. Un muscle immobilisé débute son atrophie (diminution de son volume) dans les 6 heures qui suivent l'inactivité ! La force diminue secondairement de 4 % par jour.

Pour matérialiser les conséquences d'un déconditionnement, une interruption d'entraînement de 3 semaines nécessite une reprise d'activité physique de deux mois pour retrouver un niveau de performance équivalent. D'où l'intérêt de maintenir des stress musculaires ciblés chez un combattant blessé afin d'éviter la prise de poids et ainsi entretenir ses chaînes musculaires non lésées.

L'évolution de la société a une incidence non négligeable sur la population des sportifs "OPS", qui est une composante de la population civile. En conséquence les déviances physiques liées au surpoids qui touchent le milieu civil impactent inexorablement le milieu militaire. Au sein des forces US, il semble que 35 % des personnels masculins n'entrent pas dans les critères de poids. Récemment, selon le *Health and Lifestyle Information Survey*, 23,5 % des militaires canadiens seraient obèses et 48 % seraient en surpoids. Le même phénomène se reproduit en Belgique où 40 % des militaires seraient dans la même situation. Chez les Britanniques, 44,9 % des militaires ont un IMC (indice de masse corporelle) les classant en surpoids. La surcharge pondérale est préoccupante pour les forces, compte tenu des troubles fonctionnels induits et des répercussions évidentes sur l'efficacité opérationnelle.

Il n'y a pas si longtemps, le combattant était mieux préparé dans son quotidien. La faible mécanisation l'incitait naturellement à des efforts physiques (marche, vélo, course à pied...). Le corps constituait, à son insu, un potentiel foncier d'endurance.

Un rapport récent du gouvernement britannique constate que trois quarts des policiers londoniens sont en surpoids. En effet, depuis la seconde guerre mondiale, les moyens de transport motorisés ont largement remplacé la marche à pied et le vélo. Au XIXe siècle, un policier anglais marchait 30 km par jour ! Dans le même esprit, il n'y a pas si longtemps, l'armée suisse utilisait le vélo comme vecteur de déplacement pour ses troupes de montagne en constituant de véritables *unités cyclistes* ! C'est aujourd'hui une époque révolue depuis les années 2000, cependant *ne faudrait-il pas réintroduire ce moyen de locomotion dans les unités afin de maintenir une activité d'endurance mobilisatrice fonctionnelle et bénéfique pour les personnels ?*

Venir en vélo ou à pied sur son lieu de travail participe avantageusement au maintien de votre condition physique !

PLUS DE PHYSIQUE, PLUS DE PERFORMANCE

Le sportif engagé pour durer doit s'impliquer sur le long terme en explosivité, en endurance et en force. Il se prépare à réaliser ses gestes plus vite, plus fort et plus longtemps à travers l'usage de techniques adaptées. Il privilégie l'économie dans l'effort. Il utilise avantageusement ses temps de trajets pour maintenir son entraînement foncier.

De l'endurance à la résistance en passant par l'explosivité, toutes les sollicitations du corps sont indispensables à l'action physique. Le développement de la force doit être combiné à la vitesse et à la coordination pour obtenir un renforcement musculaire utile et harmonieux.

Afin d'optimiser le potentiel physique, il convient d'analyser avec précision les exigences de l'activité, de l'emploi, de l'engagement physique. Le conditionnement physique s'inscrit alors dans la performance.

FROG OPS

Le combattant optimise sa préparation physique en mesurant les risques de l'engagement.
Maintenez votre conditionnement, il vous préserve, vous sécurise et vous économise dans l'effort.
La performance n'est pas toujours celle que vous attendez, mais toujours celle que vous vous fixez.

6

ENTRAINEMENT

L'entraînement constitue un stress à part entière pour l'organisme. Le sportif opérationnel, les professionnels exerçant des métiers à risques sont sensibilisés à la mise en place d'un entraînement. Celui-ci est indispensable pour maintenir et développer le conditionnement physique et psychique du combattant.

L'entraînement permet au sportif "OPS" d'augmenter progressivement les doses de charge de travail physique, de repousser la fatigue et d'effectuer un meilleur recrutement des unités motrices. De plus il améliore les modes d'actions spécifiques en fonction de l'activité de combat ou du sport pratiqué.

L'analyse des besoins en condition physique du sportif opérationnel respecte les principes d'actions et de précautions, coordonne les activités par des techniques utiles et s'adapte au niveau physique du combattant, qu'il soit novice, aguerri ou élite.

Lors d'une activité engagée, il convient d'optimiser et d'individualiser son entraînement en intégrant les Techniques Intensives Physique (TIP) en choc, protection et mobilité.

GAINS ET ENTRAÎNEMENT

L'entraînement physique se caractérise par le passage de l'état de préparation à l'état de conditionnement.

Il existe différents types d'entraînements musculaires ; ils ont chacun des caractéristiques propres :

- l'entraînement en mode **anisométrique** (concentrique, excentrique, pliométrique) améliore le gain de vitesse de contraction du muscle,
- l'entraînement **excentrique et pliométrique** est supérieur au mode concentrique en terme de rendement musculaire,
- l'entraînement **isométrique, excentrique et pliométrique** aboutit à une augmentation de la force maximale développée,
- enfin, l'entraînement excentrique et pliométrique améliore la vitesse maximale de contraction.

Les chaînes musculaires s'adaptent aux variations des contraintes induites par l'activité sportive. L'amélioration de la force musculaire est due à la fois à des adaptations morphologiques et neurologiques.

L'on constate que **le changement morphologique apparaît après plusieurs semaines d'entraînement** (6 à 10 semaines). En revanche, **les adaptations nerveuses sont effectives dès le début de l'entraînement.** D'où l'intérêt d'un entraînement régulier pour maintenir sa capacité de réaction rapide.

La réponse à l'entraînement se traduit par une meilleure endurance, une amélioration de la contractilité et un gain de force vitesse et résistance.

ADAPTATIONS DU CORPS À LA FONCTION

Les sportifs n'ont pas tous le même potentiel de développement et d'adaptation musculaire. Il est fonction du corps et de la nature même de l'entraînement ou de l'emploi.

Prenons un exemple chez les grenouilles ! Savez-vous que certaines grenouilles d'altitude effectuent réellement des pompes ? L'objectif n'est pas de renforcer l'appareil musculaire de cet amphibien parfaitement aguerri, mais de créer un courant d'air entre l'animal et l'eau afin de faciliter l'absorption d'oxygène ! C'est en quelque sorte un mécanisme d'adaptation.

Dans le cadre d'une préparation physique à un stage commando, les candidats se présentent souvent avec des caractéristiques communes de type triathlètes (cyclisme, course à pied, natation), agrémentées d'une solide expérience en corps à corps, boxe, art martiaux, afin de prétendre aux épreuves de sélection. Les qualités physiques sont indéniables en endurance de force, vitesse, explosivité, équilibre : critères recherchés pour remplir les conditions de réussite aux tests. Au demeurant, l'expérience montre qu'à distance des sélections, certains jeunes commandos vont modifier leurs spécificités morphologiques par une prise de poids conséquente pour faire face aux nouvelles contraintes de l'activité.

Il en résulte un retentissement non négligeable sur la performance physique. Cela génère, d'une part, un risque accru de blessures et, d'autre part, une augmentation de la masse musculaire (prise de poids) ayant pour conséquence une diminution de l'oxygénation cellulaire. Il en ressort une baisse de la performance attendue.

Sans vouloir généraliser ce mécanisme d'adaptation du corps à la fonction, il apparaît que le type d'entraînement, la gestuelle de combat, le port de charges lourdes, l'usage des outils tactiques tels que le bouclier d'assaut, la tenue de combat, les systèmes d'armes (spécifiques des techniques et moyens utilisés par un groupe de combat) répondent à une analyse ergonomique du poste en adéquation avec la morphologie du combattant. Il est important de comprendre que votre corps se calibre au fil du temps pour un type d'activité. Il en est de même dans le milieu sportif civil où le morphotype d'un judoka est distinct de celui d'un nageur ou d'un gymnaste. La polyvalence physique s'acquiert en tenant compte de l'ensemble des sollicitations induites par l'entraînement (en endurance, force et résistance) sur le long terme tout en respectant les critères morphologiques. **Il faut garder à l'esprit que 70% de la capacité physique est fixée génétiquement** ; cela se traduit par des disparités intrinsèques propres à chaque individu quant à la réponse à l'entraînement, évidemment et malheureusement non modifiables dans le temps !

ENTRAÎNEMENT OPTIMUM

L'entraînement physique a pour but d'optimiser la fonction musculaire par une pratique régulière d'une activité physique. Un entraînement maîtrisé a un retentissement direct sur la tonicité, sur la prise de volume musculaire (hypertrophie), sur l'évolution de la typologie de fibres musculaires, sur le métabolisme du muscle, ainsi que sur la destruction positive du muscle ou (DOMS).

L'entraînement a une incidence sur la croissance du muscle en épaisseur. Le muscle s'adapte aux variations de la demande fonctionnelle. Ces adaptations sont distinctes selon la nature même de l'entraînement.

- **L'entraînement en endurance** ou activité prolongée est la capacité de maintenir, le plus longtemps possible, une puissance musculaire maximale ou un nombre de répétitions de mouvement sans limite de temps. Elle se traduit par une augmentation des capacités oxydatives du muscle (effort en aérobie). Il est possible d'observer une augmentation significative du nombre de capillaires autour des fibres musculaires, constituant ainsi une réserve d'oxygène pour le muscle. Nous parlons alors d'hypertrophie sarcoplasmique. Le muscle fait appel au glycogène et à l'acide gras. Le facteur contrainte est la capacité du sportif à maintenir dans le temps ses réserves énergétiques. Sur ce type d'effort, les intensités sont comprises entre 60 et 70 % de la fréquence cardiaque maximale. La durée d'effort est variable entre 1 heure et 10 heures ou plus.
- **L'entraînement en force** ou activité en charge (effort en aérobie ou en anaérobie) améliore la synchronisation des unités motrices, par une augmentation de la masse musculaire et, par conséquent, une hypertrophie des éléments cellulaires. Nous parlons d'une hypertrophie fibrillaire se traduisant par une augmentation du nombre de filaments d'actine et de myosine, générant une augmentation du volume musculaire. Un entraînement en force endurance développe les réseaux capillaires, favorise les réserves en substrats (glycogène, créatine...) et, de plus, améliore sensiblement la résistance du muscle. Sur ce type d'efforts les intensités sont comprises entre 80 et 90 % de la fréquence cardiaque maximale. La durée d'effort est variable entre 2 et 20 minutes.
- **L'entraînement en résistance** ou activité brève et intense (effort en anaérobie ou aérobie) favorise la capacité du muscle à maintenir l'intensité de travail. Le muscle puise dans ses réserves en phosphagène et en glycogène. Le facteur "contrainte" est l'épuisement rapide des réserves. Sur ce type

d'effort, les intensités sont comprises entre 70 et 85 % de la fréquence cardiaque maximale. La durée d'effort est variable entre 10 à 20 minutes.

"PROTECTION"
Commandos en mode grappe

Le sportif opérationnel pratiquant une activité physique d'endurance de type course à pied, opère une augmentation du nombre de fibres lentes au détriment des fibres rapides qui ont tendance à diminuer.

Un entraînement en endurance, lorsqu'il est régulier (2 à 3 fois par semaine), s'accompagne d'une augmentation du nombre de mitochondries, du taux d'enzymes avec une influence appréciable sur le métabolisme lipidique (capacité des mitochondries à oxyder les lipides). C'est ce que nous appelons la **réponse à l'entraînement en endurance.**

À l'inverse, le combattant ayant une activité physique en résistance, type parcours du commando, courses de côte, self-défense, augmente le nombre de fibres rapides de 50 % à 90 % en fonction du type d'exercices pratiqués.

La modification d'une fibre lente en fibre rapide sous l'effet de l'électrostimulation a été démontrée chez la grenouille, mais pas chez l'homme. Dans ces conditions, un entraînement sous électrostimulation est indiqué durant la phase post-traumatique immédiate. Au demeurant, c'est le travail musculaire adapté en force, endurance et résistance qui prime.

Quel que soit le type d'entraînement pratiqué, il s'opère une "destruction positive du muscle". C'est un mécanisme d'adaptation du muscle ressenti par le combattant comme une sensation de douleur musculaire profonde résultant d'un entraînement intense. Ce phénomène douloureux est connu sous le sigle de DOMS ou Delayed Onset Muscular Soreness. Il peut être considéré comme un mécanisme de renforcement musculaire, sous réserve de favoriser les temps de récupération.

Au-delà des effets physiologiques ressentis sur le muscle, il existe des effets psychiques plus subjectifs de l'entraînement comparables au bien-être, valorisant l'estime de soi et permettant à un combattant d'être reconnu comme un élément ayant sa place, sa fonction et son rôle dans un groupe de combat ou dans une équipe sportive. **L'entraînement est aussi un facteur de cohésion interne.**

L'optimisation de l'entraînement est une quête permanente de la recherche d'un état d'équilibre entre quantité de travail et intensité, afin de prévenir les mécanismes de fatigue et de surentraînement. **Une réduction de la charge physique est souvent bénéfique pour la performance.**

Chaque sportif "OPS" est à même de savoir si l'augmentation de sa charge physique peut donner lieu dans le temps à un gain de performance ou, au contraire, à un risque de contre-performance.

Adaptation physique de l'organisme à l'entraînement

La puissance musculaire maximum peut être acquise en quelques semaines. En revanche, la capacité d'augmenter la résistance des tendons et ligaments est plus longue à obtenir. Le risque de lésions musculaires est important si la charge de travail est trop intense. Il convient de respecter les mécanismes d'adaptation de l'organisme à la charge de travail physique.

- muscle : prise de force dès la 3e semaine ;
- muscle cardiaque : augmentation de l'endurance dès la 4e semaine ;
- tendon : épaississement tissulaire au-delà de 1 an ;
- ligament : épaississement tissulaire au-delà de 2 ans ;
- os : renforcement de la structure au-delà de 1 an.

PROGRESSION *INTERVAL TRAINING*

***L'interval training* ou "IT" est un type d'entraînement alterné** qui consiste à passer successivement de phases d'efforts à intensité maximum suivies de phases de récupérations ou de phases d'exercices modérés à moindre intensité. C'est une méthode reconnue pour améliorer le potentiel aérobie du sportif, son endurance cardio-vasculaire, sa $\dot{V}O_2$max ainsi que son métabolisme par épuisement des réserves en glucides.

L'IT permet d'augmenter la durée totale des exercices à haute intensité. La période de récupération empêche l'accumulation progressive de produits de fatigue dans le sang (lactates). Au niveau cardiaque, une progression en IT entraîne une hypertrophie myocardique liée à l'élévation de la pression intracavitaire du cœur. De plus, il existe une amélioration significative de la consommation d'oxygène dans le sang y compris en altitude (filière anaérobie).

Pour le sportif opérationnel novice, "l'IT" est intéressant pour la mise en place d'une progression d'entraînement. Pour le combattant d'élite, "l'IT" aura peu d'influence sur l'augmentation de sa $\dot{V}O_2$max ; en revanche, il est vivement conseillé pour des périodes d'entraînement à haute intensité très courte avant une mise en condition opérationnelle éprouvante.

En pratique, les exercices doivent être réalisés et maintenus entre 80 % et 100 % de la $\dot{V}O_2$max.

Pour un combattant novice, l'entraînement IT endurance respecte les étapes suivantes :

- **l'intensité est sensiblement égale à la VMA (voir test de Luc Léger) ;**
- **les périodes d'exercices sont supérieures à 30 secondes, à une intensité sous-maximale ;**
- **les périodes de récupération sont basées sur un ratio 1/2 ou 1/3 (30 secondes de travail / 60 secondes de repos ou 90 secondes de repos).**

La récupération est active, les exercices sont réalisés en continu à faible intensité.

Pour les sportifs opérationnels aguerris et élites, l'entraînement IT à haute intensité respecte les étapes suivantes :

- **l'intensité est supérieure à la VMA (voir test de Luc Léger) ;**
- **les périodes d'exercices sont égales ou inférieures à 30 secondes, à une intensité maximale ;**
- **les périodes de récupération sont basées sur un ratio 1 / 1 (30 secondes de travail /30 secondes de repos).**

La récupération est toujours passive.

L'IT modifie le potentiel à l'effort en créant, pour l'organisme, des situations de contraintes nouvelles. Plus les activités changent, plus le corps va mettre en place des mécanismes de régulation, d'adaptation et d'économie dans le but d'améliorer le bon rendement du mouvement "utile".

IT et adaptations physiques

- l'IT améliore la performance sans être un facteur de charge physique supplémentaire ;
- l'IT demande une gestion fine des périodes de travail et de repos pour éviter l'installation trop rapide de la fatigue ;
- l'IT autorise un épuisement progressif sur des séries courtes entre 20 et 30 minutes ;
- l'IT permet de se rapprocher de la période de décrochage physique lorsque la fatigue maximum est atteinte : c'est un indicateur prédictif de performance.

Une seule exigence pour l'IT : plus l'intensité de l'exercice est importante, plus la durée de l'exercice doit être courte et inversement.

Nous envisagerons des progressions IT dans le cadre des parcours opérationnels.

RÉCUPÉRATION PHYSIOLOGIQUE

Lorsqu'on interroge le compétiteur ou le sportif opérationnel sur ses périodes de repos, il est surprenant de constater que la réponse est souvent : "je dors la nuit".

Nous en déduisons que certains combattants n'estiment pas nécessaire de "mettre en sommeil" leurs corps avant ou après l'action. Pourtant, la récupération physiologique consiste à restituer le potentiel physique suite à un effort soutenu en reconstituant les réserves énergétiques.

La fatigue n'est pas que musculaire, elle trouve son origine dans le cerveau. Physiologiquement, toute activité sportive entraîne une augmentation de la consommation d'oxygène en raison de l'accroissement du travail musculaire. Cette augmentation est rendue possible par l'adaptation à l'effort des fonctions respiratoire et circulatoire contrôlées par le cortex. En d'autres termes, le corps oscille toujours entre stress musculaire et effort, régulation de l'information et contrôle corticale, récupération et repos.

La récupération est conditionnée par le retour à la normale des valeurs physiologiques de repos. Pour un exercice de haute intensité comme une marche commando avec charge ou un raid sportif, le délai de récupération est au minimum de deux heures. Il nécessite de prendre son pouls pour mesurer le retour à la normale de la fréquence cardiaque en fin d'exercice (fréquence cardiaque de récupération).

Les mécanismes d'adaptation des réserves énergétiques de l'organisme prennent en compte trois éléments : l'intensité de l'exercice, la durée de l'effort, la récupération.

En effet, suite à un effort extrême, le muscle déclenche la synthèse protéique, ce qui donne lieu à une multiplication des filaments contractiles. Il se prépare ainsi à accroître sa résistance pour des efforts à venir. Encore faut il le préserver par des périodes de repos avant et après l'épreuve.

Pour un exercice de haute intensité sur un temps très court d'environ quinze secondes : 80 % de la phosphocréatine (PC) est resynthétisée après deux minutes de récupération.

Lors d'un exercice d'une durée moyenne inférieure à 10 minutes, c'est la glycolyse anaérobie qui rentre en action, ce qui implique une augmentation rapide de l'acidose dans le muscle. La récupération dépend de la resynthèse des réserves glucidiques et de la disparition des facteurs d'acidose (lactates). La récupération se fait en général en 30 et 40 minutes pour retrouver des valeurs physiologiques normales.

Pour un effort de haute intensité avec des durées d'action supérieures à deux heures, ce sont les réserves en glycogène qui vont intervenir en resynthétisant les stocks dans les muscles et dans le foie. Les combattants entraînés ont une récupération en glycogène plus rapide que les novices. Au demeurant, 20 heures de récupération sont nécessaires pour normaliser les valeurs énergétiques. Chez le combattant aguerri et bien entraîné, quelle que soit l'intensité de l'effort statique ou dynamique, la récupération physiologique se fait en 24 à 48 heures. En revanche, chez le combattant novice ou le sportif opérationnel déconditionné, un défaut de récupération lors d'une épreuve sportive intense de type endurance en ambiance chaude peut se terminer dans certains cas en collapsus cardio-respiratoire ou syndrome d'hyperthermie maligne d'effort que nous aborderons dans le chapitre "Risques".

La récupération, c'est aussi le retour à la normale des pertes hydriques. L'exercice musculaire est générateur d'une perte en eau plus ou moins importante, matérialisée chez le combattant par la sueur. Lorsque l'exercice est intense, mais de courte durée, la perte sudorale et urinaire est peu importante. À l'inverse lorsque l'exercice est long, les pertes sont importantes et dépendent de la réhydratation durant l'effort. Nous reviendrons sur cette notion dans le chapitre "nutrition".

Nous retiendrons que la récupération physiologique après l'effort est directement liée à la durée de l'activité, à son intensité et tient compte des conditions climatiques et environnementales du milieu de progression.

RÉCUPÉRATION ACTIVO-PASSIVE

Les modalités de récupération ont pour objectif de maintenir la performance du sportif "OPS" dans le temps.

Dans le cadre du concept "Frog", nous préconisons une **récupération passive** autour de trois facteurs : le **sommeil flash**, l'**immersion** et l'**extraction perceptive** à distance de la progression.

Le sommeil flash

Le concept de conditionnement opérationnel réside dans la réalisation d'efforts intenses, souvent sans possibilité de dormir. L'incidence sur le niveau de vigilance, sur la performance cognitive et physique impose des temps de récupération en tenant compte des paramètres physiologiques et des rythmes circadiens. Sur une période de 24 heures, il existe deux périodes d'hypovigilance : 14h/16h et 02h/05h et deux périodes d'hypervigilance : 10h/12h et 20h/22h.

Comme vous le savez, le sommeil se compose de cycles à ondes lentes et de cycles à ondes rapides. Dans la phase lente, la respiration et la fréquence cardiaque diminuent, les organes et les muscles se relâchent complètement. Au cours du cycle à ondes rapides, il existe une augmentation du niveau tonique musculaire et cardio-respiratoire. Le sommeil léger représente 50 % du sommeil total. Le sommeil profond participe à la récupération tissulaire et facilite la production de l'hormone de croissance. Le sommeil paradoxal participe à la réparation neuropsychique.

Nous vous conseillons des phases de sommeil de récupération courtes entre 10 et 20 minutes. Cela permet de retarder la baisse de performance et l'apparition de la fatigue ou hypovigilance (la grenouille ne dort que 2 heures par jour !). Lors d'une mission longue, il est préférable d'effectuer des périodes de "sommeil flash" entre 3h et 6h du matin et entre 16h et 18h l'après-midi.

L'immersion

La récupération passive par immersion alternée (eau chaude 38° et eau froide 10°) immédiatement après l'effort est vivement recommandée. Elle favorise l'antalgie et lutte contre l'inflammation musculaire. La stimulation du flux sanguin entraîne des mécanismes de vasodilatation et de vasoconstriction favorisant le mouvement de substances métaboliques dans le muscle et diminue la concentration plasmatique de lactate. En revanche, l'immersion non alternée en eau froide diminue la température du corps. La transmission nerveuse s'en trouve altérée, ce qui peut expliquer la modification de la perception de la fatigue. Il s'ensuit une altération de la réponse musculaire lors de l'effort pour produire une force maximale ou une puissance maximale (exercice de la cuve chez les commandos marine).

Dans un contexte d'aguerrissement, nous recommandons au combattant de plonger son corps dans l'eau froide à distance d'un effort sportif afin d'habituer son organisme au processus de vasoconstriction. La plupart des tests commandos imposent au combattant ce type d'expérience. La meilleure préparation consiste à palmer en mer par tous les temps, été comme hiver. L'adaptation se fait naturellement et le jour des tests votre corps a "la mémoire dans la peau".

À la suite d'un traumatisme des membres supérieurs ou inférieurs, nous utilisons en rééducation la technique des "bains écossais" qui s'avère être un excellent moyen de récupération. En pratique, vous immergez votre jambe ou votre bras dans une eau à 37° durant une minute, puis immédiatement dans une eau à 12° durant une minute. La séance dure 15 minutes. L'effet est immédiat sur l'œdème (gonflement de l'articulation) ainsi que sur la sensation de douleur.

L'extraction perceptive

La récupération basée sur la normalisation du tonus postural par la visualisation perceptive et l'extraction psychique est un moyen intéressant et performant de contrôle du corps par l'esprit. Il permet au combattant de passer d'une activité à l'autre, sans être "pollué" par la précédente.

C'est la phase de mobilité psychique ou extraction psychique (3e arme de la méthode TIP). Nous aborderons cette technique en pratique dans les TIP MOBILITÉ.

LA RÉCUPÉRATION ACTIVE REPOSE SUR 2 TECHNIQUES :

La pratique du pédalage sans notion d'effort

La récupération active sous la forme d'une course de "décrassage" à distance d'un effort est déconseillée. Contrairement aux idées généralement admises, la course de récupération suite à un effort sportif peut être néfaste. Il semble que cela augmente le taux d'ammonium dans le sang et risque d'accentuer le délai de régénération du muscle. L'ammonium est un marqueur de fatigue central pour l'organisme. La diminution du glycogène musculaire entraîne une augmentation du taux d'ammonium qui se fixe au niveau du cerveau. Cela peut induire chez le combattant des troubles de l'équilibre, allant parfois même jusqu'à des sensations de torpeur.

En revanche, le mouvement de pédalage en moulinant sans résistance est un excellent moyen de récupérer activement.

La récupération active doit toujours être distincte de l'activité précédente. Elle repose sur un travail a minima, sans notion de charge physique ou de résistance sur les groupes ou chaînes musculaires ciblées.

L'automassage

Le massage a beaucoup de points communs avec le repos actif : dans les deux cas l'influence sur le système nerveux central se fait grâce à l'excitation des récepteurs moteurs et tactiles.

Le massage favorise la détente musculaire en améliorant l'oxygénation des tissus, la circulation sanguine, l'évacuation des lactates. Il peut se pratiquer aisément sur les membres inférieurs ainsi que sur les muscles des avant-bras particulièrement sollicités chez le combattant. Nous préconisons le massage de récupération à travers la technique du "pétrissage".

En pratique, sur une position assise, ce massage consiste à

prendre les masses musculaires du quadriceps, des ischio-jambiers ou des triceps et d'effectuer un mouvement ferme de pétrissage en torsion en cherchant à décoller les tissus comme si vous étiez en présence d'une "pâte à pain". Le massage dure 5 minutes par groupe musculaire. L'effet de décontraction est immédiat.

FROG OPS

Le combattant adapte son entraînement à ses objectifs de combat.

Surmontez la fatigue par le repos et la récupération.

Observez votre environnement, c'est lui qui vous entraîne et vous renforce.

7

TESTS PHYSIQUES

Les tests de condition physique du sportif opérationnel ont pour but d'une part de contrôler le conditionnement sur le long terme et, d'autre part, d'évaluer son niveau d'aptitude physique.

Les tests ou épreuves correspondent à des normes physiques attendues pour mesurer une performance, affirmer une spécialité, noter l'influence de l'entraînement.

Il existe des tests communs ou *tests conventionnels* (VMA, FCM, pompes, abdominaux, grimper de corde...) et des *tests spécifiques non conventionnels* ou "tests commando" utilisés dans le cadre d'épreuves de sélection des combattants d'élite.

Les tests doivent être réalisés et contrôlés chaque année. Ils sont garants du niveau de forme et de préparation physique du sportif "OPS". Ils peuvent être prédictifs en matérialisant les risques physiques encourus. Ils ont surtout pour vocation d'être des *indicateurs de performance physique* du combattant pratiquant l'activité reconnue comme la plus stressante pour l'être humain : *le combat*.

TESTS DE CONDITION PHYSIQUE

La liste des tests de condition physique n'est pas exhaustive, elle est soumise à des évolutions permanentes et s'intéresse à la spécificité ergonomique d'un emploi ou d'une activité sportive. Si l'analyse et la comparaison des tests de condition physique des combattants font apparaître une certaine standardisation des épreuves, un constat s'impose : les tests prennent en compte la capacité aérobie (épreuves de course sur des distances de 2000 mètres à 8 km), la capacité anaérobie (distance de course de 400 mètres), la force des membres supérieurs et inférieurs, la force des abdominaux, la capacité de port de charge, mais rarement la fonctionnalité du geste correspondant à une tâche spécifique : tirer un blessé à terre , creuser un abri, soulever une charge...

L'analyse comparative des tests montre que :

- **La résistance** ou capacité du combattant à prolonger un effort de haute intensité le plus longtemps possible n'est peu ou pas testée pour un combattant novice.
- **L'endurance** ou capacité de prolonger un effort le plus longtemps possible avec une intensité modérée est partiellement testée à travers les épreuves de natation et de course à pied.
- **Les tests aquatiques** ne sont pas systématiques.

Il en résulte une **variation importante de niveaux d'aptitude entre les sportifs opérationnels novices et les sportifs opérationnels aguerris ou élites.**

La réussite aux tests de condition physique valide pour l'année en cours, la bonne forme physique du combattant et, par conséquent, son aptitude à l'emploi.

INDICATEURS DE CONDITION PHYSIQUE

Il importe pour chaque sportif opérationnel d'évaluer et de mesurer régulièrement sa capacité cardio-respiratoire, ainsi que son endurance et son explosivité.

La **VMA** ou **Vitesse Maximale Aérobie** :

Elle mesure la consommation maximale d'oxygène sur un temps donné. Le test de Luc Léger est généralement préconisé comme test de référence. Il est au demeurant difficile à mettre en place seul.

Le combattant peut opter pour un test simplifié en courant à vitesse maximum autour d'un stade sur une période de 5 minutes.

En fonction de la distance parcourue, il convient d'appliquer la formule suivante : distance parcourue x 12/1000 = vous obtenez une **vitesse de course maximale qui vous donne une indication sur votre capacité cardio-respiratoire lors d'un effort intense** (1200 mètres parcourus pour 3 tours de stade correspond à une vitesse de 14,4 km/h).

Les pompes et tractions sont évaluées dans le but de tester la **capacité musculaire en explosivité des membres supérieurs.**

En pratique :

Les pompes

- La position : appui frontal, les mains placées sur le sol à hauteur des épaules. Une cale de 10 cm posée sur le sol en regard du sternum. Le dos est droit.
- Le mouvement consiste à abaisser le torse vers la cale en la touchant, puis reprendre la position initiale.
- La vitesse est constante, le sportif "OPS" compte le nombre de mouvements réalisés jusqu'à la fatigue musculaire, sans faire tomber la cale.

Les tractions

- La position : prendre la barre fixe en position de pronation bras tendus.
- Le mouvement consiste à soulever le corps en amenant le menton au niveau de la barre, puis reprendre la position initiale.
- La vitesse est constante, le sportif "OPS" compte le nombre de mouvements réalisés jusqu'à la fatigue musculaire.

La chaise "Killy" et le gainage sont évalués dans le but de tester la capacité musculaire d'endurance du tronc ainsi que celle des membres inférieurs.

En pratique :

La chaise "Killy"

- La position : le dos contre un mur. Les cuisses en position horizontale formant un angle de 90° avec le tronc et les jambes.
- Le mouvement consiste à maintenir cette position le plus longtemps possible.

Le gainage

- La position : appui frontal sur les avant-bras, le dos droit, les jambes tendues.
- Le mouvement consiste à maintenir cette position le plus longtemps possible.

"CHOC"
OPS en mode
test "chaise"

Indicateurs de condition physique- sportif opérationnel masculin

	Âge	Novice	Aguerri	Élite
Pompes	18-29	2-18	18-22	22 et +
	30-39	2-15	15-19	19 et +
	40-50	2-14	14-18	18 et +

	Âge	Novice	Aguerri	Élite
Tractions	18-29	1-5	5-11	12 et +
	30-39	1-4	4-10	11 et +
	40-50	1-3	3-9	10 et +

	Âge	Novice	Aguerri	Élite
Chaise Killy	18-29	< 110 sec	111-119 sec	120 sec et +
	30-39	< 99 sec	100-109 sec	110 sec et +
	40-50	< 85 sec	85-94 sec	95 sec et +

	Âge	Novice	Aguerri	Élite
Gainage	18-29	60 sec	70-100 sec	110 sec et +
	30-39	50 sec	60-90 sec	100 sec et +
	40-50	40 sec	50-80 sec	95 sec et +

Indicateurs de condition physique- sportif opérationnel féminin

	Âge	Novice	Aguerri	Élite
Pompes	18-29	2-8	8-10	11 et +
	30-39	2-7	7-9	10 et +
	40-50	2-6	6-8	9 et +

	Âge	Novice	Aguerri	Élite
Tractions	18-29	1-4	4-6	7 et +
	30-39	1-3	3-5	6 et +
	40-50	1-2	2-3	4 et +

Chaise Killy	Âge	Novice	Aguerri	Élite
	18-29	‹ 110 sec	111-119 sec	120 sec et +
	30-39	‹ 99 sec	100-109 sec	110 sec et +
	40-50	‹ 85 sec	85-94 sec	95 sec et +

Gainage	Âge	Novice	Aguerri	Élite
	18-29	50 sec	60-90 sec	100 sec et +
	30-39	40 sec	50-80 sec	90 sec et +
	40-50	30 sec	40-70 sec	80 sec et +

La **puissance musculaire en explosivité des membres inférieurs** ou "détente explosive" est testée en réalisant des **sauts verticaux.**

En pratique :

Les sauts verticaux

- La position : debout face à un mur.
- Le mouvement consiste à sauter tout en s'éloignant du mur le plus haut possible en touchant l'un des repères. Le mouvement est répété 3 fois.
- La vitesse est maximum.

Les tests suivants sont faciles d'accès et ne demandent pas de préparation particulière. Il existe des variantes que nous intégrerons, en pratique, dans le cadre des TIP.

TESTS D'APTITUDE PHYSIQUE CONVENTIONNELS POUR LES FORCES

Chez les Anglo-Saxons comme chez les grenouilles, les tests de sélection conventionnels sont relativement homogènes ! Nous vous présentons les principales épreuves d'aptitude physique et de sélection des forces armées.

Attention : les tests évoluent. Il est donc possible que certaines épreuves soient obsolètes. Nous vous conseillons de consulter régulièrement les sites internet de référence pour actualiser les conditions de tests.

Armée Française
www.aptitude physique individuelle des personnels militaires

Les épreuves du **contrôle de la condition physique générale** (CCPG) sont basées sur trois aptitudes physiques :

- l'endurance cardio-respiratoire (ECR) ;
- l'aisance aquatique (AA) ;
- la capacité musculaire générale (CMG).

Il existe un deuxième **contrôle de la condition physique spécifique** (CCPS) qui est facultatif. Il reste à l'initiative des unités. Parmi les trois épreuves d'aptitude physique nous trouvons :

L'endurance cardio-respiratoire (ECR) :

- course de 12 minutes : le militaire doit parcourir à l'allure de son choix la plus grande distance possible.

Épreuve VAMEVAL :

Sur piste avec un jalonnement tous les 20 mètres, la vitesse de départ est de 8,5 km/h, elle augmente de 0,5 km/h toutes les minutes. Le changement de palier est annoncé à l'aide d'un système sonore. À chaque signal, le combattant doit se trouver devant la balise correspondante. Le combattant est stoppé lorsqu'il n'est plus en mesure de suivre le rythme.

Indicateurs de condition physique- sportif opérationnel :

	Âge	Novice	Aguerri	Élite
VAMEVAL (km/h)	18-29	‹ 12	12-14	15et +
	30-39	‹ 10	10-13	14 et +
	40-50	‹ 8	8-11	12 et +

Test de Luc Léger :

Le militaire doit réaliser des allers-retours sur une distance de 20 mètres, à une vitesse qui augmente de 0,5 km/h toutes les minutes. Il doit réaliser le plus grand nombre possible de paliers. La vitesse de départ est de 9 km/h. Le changement de palier est annoncé par un système sonore. Le combattant bloque son pied au-delà de chacune des 2 lignes dans la progression. L'arrêt de l'épreuve se fait lorsqu'il n'est plus en mesure de suivre le rythme.

Indicateurs de condition physique- sportif opérationnel :

	Âge	Novice	Aguerri	Élite
Luc Léger (paliers)	18-29	‹ 8	8-9	10 et +
	30-39	‹ 7	7-8	9 et +
	40-50	‹ 5	5-7	7 et +

Aisance aquatique (AA) :

Le militaire doit effectuer un départ plongé, parcourir 100 mètres, puis effectuer une apnée sur 10 mètres.

Capacité musculaire générale (CMG) :

- un grimper de corde lisse ;
- des abdominaux avec un maximum de répétitions en 2 minutes ;
- des pompes et tractions sans limite de temps.

Un barème spécifique existe prenant en compte les spécificités de conditions d'âge et de sexe.

United Kingdom Army, ROYAL AIR FORCE
www.raf.mod.uk

Les épreuves **Selection Fitness Test** (SFT) sont évaluées à travers :

- les pompes (press-up) suivant l'âge et le sexe avec un variant de 15 à 20 ;
- les abdominaux (sit-up) suivant l'âge et le sexe avec un variant de 20 à 35 ;
- une course à pied de 2.4 km avec un barème de temps prenant en compte l'âge et le sexe. Il faut réaliser un temps variant compris entre 11 à 15 minutes.

Australian Army
www.Australian army physical fitness assessment

Les épreuves de **physical fitness assessment** (PFA) sont évaluées à travers :

- les pompes (press-up) sans condition d'âge et de sexe à hauteur de 15 ;
- les abdominaux (sit-up) suivant le sexe avec un variant de 8 à 15 ;
- une course à pied de 2.5 km avec un barème de temps prenant en compte l'âge et le sexe. Il faut réaliser un temps variant compris entre 11 et 13 minutes.

Pour la marine australienne, la norme physique impose au militaire d'effectuer :

- les pompes (press-up) suivant l'âge et le sexe avec un variant de 20 à 25 ;
- les abdominaux (sit-up) suivant l'âge et le sexe avec un variant de 20 à 25 ;
- une course à pied de 2.4 km avec un barème de temps prenant en compte l'âge et le sexe. Il faut réaliser un variant compris entre 13 à 15 minutes ;
- une épreuve aquatique de 500 m en moins de 12 minutes.

Canadian Forces Army
www.physical guide for applicants to the Canadian forces / self preparation for the basic training

Les épreuves **physical fitness test** (test EXPRESS FC) mesurent la performance objective pour rejoindre les forces armées du Canada (Self preparation for the basic training).

Les épreuves techniques sont évaluées à travers :

- les pompes (push-up) suivant l'âge, avant et après 35 ans, le sexe avec un variant de résultats de 7 à 19 ;
- les abdominaux (sit-up) suivant l'âge, avant et après 35 ans, le sexe avec un variant de résultats de 12 à 19 ;

- la force de préhension (hand grip) ;
- les tractions (chin-up) suivant l'âge, avant et après 35 ans, le sexe avec un variant de résultats de 2 à 6 ;
- une course à pied de 2,4 km avec un barème de temps en prenant en compte l'âge avant et après 35 ans, le sexe, avec un variant de 10 à 15 minutes.

Pour l'armée de terre, la norme physique impose au militaire d'effectuer :

- une marche avec charge (24,5 kg) de 13 km en moins de 2h26 ;
- une évacuation de victime (lever pompier) sur 100 m en moins de 60 secondes ;
- un creusage de tranchées en moins de 6 minutes.

Les Forces armées canadiennes ont lancé tout récemment un nouveau programme de conditionnement physique en 2013/2014 : *le programme FORCE. WWW.cphysd.ca*

Ce programme est basé sur l'analyse de 400 tâches exécutées par le militaire dans son cadre d'emploi sur un théâtre d'opération. Il remplace le *test EXPRESS FC.*

Les épreuves ont pour but d'évaluer en priorité **six tâches les plus utiles sur le terrain** : se mettre à l'abri, transporter des piquets, ériger une barrière de sac de sable, creuser, effectuer l'extraction d'un personnel dans un véhicule et transporter un brancard.

Les épreuves pratiques sont realisées dans le cadre d'un parcours opérationnel en salle. Les candidats doivent valider les tests suivants :

- Soulever des sacs de sable : soulever des sacs de sable de 20 kg à une hauteur de plus de 91,5 cm du sol, 30 fois, en alternant de gauche à droite, avec 1,25 m de distance entre chaque sac. L'épreuve doit être exécutée en 3 minutes et 30 secondes.

- Course-navette intermittente avec charge : effectuer 10 courses-navettes consécutives (une course-navette = 20 m aller, 20 m retour) en alternant une fois avec charge (sac de sable de 20 kg), une fois à vide, sur une distance totale de 400 m. L'épreuve doit être exécutée en 5 minutes et 21 secondes.

- Course précipitée sur 20 m : départ en position couchée au sol, effectuer 2 courses-navettes (une course-navette = 20 m aller, 20 m retour), adopter la position couchée au sol tous les 10 m, sur une distance totale de 80 m.
  L'épreuve doit être exécutée en moins de 51 secondes.
- Traction de sacs de sable : transporter 1 sac de sable de 20 kg tout en traînant un minimum de 4 sacs de sable de 20 kg sur le sol sur une distance de 20 m sans interruption. Le nombre de sacs de sable utilisés dépend du type de sol.

United States Army
www.the United States army physical fitness test

Les épreuves du United states army physical fitness test (APFT) ou **Physical Fitness Tests Scores** (AFTS) sont évaluées à travers :

- les pompes (push-up) en 2 minutes à hauteur de 35 ;
- les abdominaux (sit-up) en 2 minutes suivant l'âge et le sexe avec un variant de 29 à 47 ;
- une course à pied de 2 miles (en 16 minutes).

TESTS D'APTITUDE PHYSIQUE NON CONVENTIONNELS POUR LES FORCES SPÉCIALES

Les unités d'élites ont chacune un mode de sélection spécifique.

En moyenne la durée du stage est de 20 à 30 semaines. Il comporte des tests d'aptitudes physiques **non conventionnels** ou tests commando, souvent divisés en plusieurs phases (début, milieu et fin de stage) avec des points de passage obligatoires notés et décisifs pour la suite de la progression.

Dans un premier temps, l'accent est mis sur l'évaluation physique, la résistance psychologique ainsi que la fatigue, **c'est la période probatoire**.

Dans un deuxième temps, les notions d'endurance, de rusticité, d'agressivité, d'attaque, de techniques et de spécialisation seront testées en fonction de la nature de l'emploi et du profil attendu, **c'est la période d'aguerrissement au choc**.

Il s'agit pour le futur commando de "rentrer dans la machine à laver". Les instructeurs actionnent les étapes de sélection durant le stage. Les échecs sont nombreux. Les risques physiques sont importants. Un maître mot : le dépassement de soi.

Attention : les tests commando évoluent. Ils dépendent d'une part de la spécificité du groupe de combat visé et d'autre part du milieu de progression (terre, air, mer).

Armée française
Forces spéciales

Les tests physiques **commando** comportent :

- des tests d'agrès avec un maximum de tractions, de pompes et d'abdominaux en 2 minutes ;
- un test de corde, 2 à 3 cordes avec la participation des jambes ou bras seuls en tenue de combat avec un sac à dos de 11 kg ;
- un porter-pompier sur 90 m en moins de 24 secondes ;
- une marche commando de 8-9 km en tenue de combat avec arme et sac de 11 kg ;
- une épreuve de natation de longue distance (3 à 5 km) et courte distance (100 m), de l'apnée (50 m), une épreuve de natation pieds et poings liés ;
- des pistes d'audace et parcours d'obstacles (grimper de gouttières, équilibre sur poutre en hauteur, progression escalade...) ;
- des épreuves de boxe, pieds poings et corps à corps, agressivité (TIOR) ;
- un raid kayak, palmage 4 heures...

Une mention particulière pour le CNEC (Centre National d'Entraînement Commando) préparant au test d'entrée au stage commando (niveau 1).

Sur un parcours de 400 mètres réalisé en moins de 4 minutes 30, le test se déroule en 9 séquences :

- 20 flexions des jambes ;
- 100 mètres de course ;
- 3 tractions ;
- 100 mètres de course ;
- 30 abdominaux ;
- 100 mètres de course ;
- 10 flexions extensions des bras ;
- 100 mètres de course.

Pour terminer par un grimper de corde en tenue de combat de 3 mètres, bras seuls.

United Kingdom Army
Forces spéciales

La sélection des **forces spéciales d'infanterie** comporte :

- des tests d'agrès avec un maximum de 10 tractions, 60 pompes et 100 abdominaux ;
- une épreuve de course avec 7 kg de charge sur une distance de 2,4 km en moins de 11 minutes ;
- une épreuve d'endurance de 15 km en moins de 2 h 20 minutes ;
- une épreuve de natation de 400 mètres.

La sélection des **forces spéciales commandos marines** comporte :

- la première semaine un test de $\dot{V}O_2max$, des pompes jusqu'à épuisement, des tractions jusqu'à épuisement ;
- la neuvième semaine, c'est le full IMCF (Initial Military Fitness Circuit : 3 grimpers de corde (rope climbing) en tenue de combat avec arme, une course de vitesse, une marche longue distance ainsi que des épreuves d'agrès ;
- la vingt-deuxième semaine, c'est le Battle Physical Training (BPT). L'on retrouve un grimper de corde avec charge, un parcours du combattant (Assault Course) sur 800 m en moins de 4 minutes, un porter pompier de 200 m en moins de 90 secondes ;

- la semaine vingt-six débute par des épreuves de natation : le Basic Swim Test (BST) comportant un saut piscine de 3 mètres, 30 mètres de natation suivis d'une apnée pour chercher son arme à 4 mètres de profondeur.

Des tests commando : le 9 km marche commando, le "tarzan assault course", le 30 miles ou marche de 40 km en moins de 8 heures avec charge.

Une mention particulière pour les SAS (Spécial Air Service), qui effectuent une épreuve de marche de 12,8 km avec charge de 25 kg en moins de 2 heures en début de sélection pour terminer par une marche de 64 km en terrain montagneux avec 25 kg de charge en moins de 20 heures, en fin de sélection !

"CHOC"
Force d'intervention en mode rappel

Australian Army
Forces spéciales

Le **Special Forces Barrier Testing** (SFBT), la présélection dure 36 heures et comporte :

- 60 tractions sur les bras ;
- 85 abdominaux ;
- 10 tractions à la barre ;
- un parcours de combat de 3,2 km en moins de 16 mn en tenue de combat et charge de 7 kg ;
- une marche d'endurance d'une durée de 4 heures avec une charge de 28 kg sur une distance de 22 km ;
- une nage en position debout pendant 2 minutes ;
- une nage de 400 mètres en tenue de combat en moins de 8 minutes.

United States Army
Forces spéciales

La sélection des forces spéciales (US SF) ou **Sof Tactical Athlete** se déroule dans le cadre d'un stage SFAS de qualification des forces spéciales. Une évaluation de l'aptitude aux forces spéciales comporte :

- des pompes 57 ;
- des abdominaux 68 ;
- une course à pied de 2 miles (en 14.2 minutes) ;
- marches : tout temps, tout lieu, toute distance avec charge ;
- des parcours-types, pistes d'audace ;
- des exercices d'orientation ;
- des exercices de situation réaction ;
- des exercices sous pression en équipe ;
- une épreuve de natation de 50 mètres en treillis et rangers.

Les candidats qualifiés se présentent au **Spécial Forces Assessment and Selection** (SFAS) présélection, puis au cours spécial de qualification des forces ou **Special Forces Qualification Course**, Q course (SFQC), pour une mise en application des compétences et techniques des futurs Sof Tactical Athlete.

La sélection des **forces spéciales, US marines** comporte :

- **la première semaine :** le candidat doit réaliser un test de course de 5 km, 120 pompes, 7x5 tractions, 110 abdominaux ;
- une épreuve de natation 8x50 mètres en nage libre ;
- une marche de 10 km ;
- **la neuvième semaine :** le candidat doit réaliser 8x30 pompes, 8x10 tractions, 200 abdominaux ;
- quatre courses sprint sur 1 km ;
- une marche de 15 km ;
- une épreuve de natation 2x500 mètres ;
- **la douzième semaine :** le candidat doit réaliser des pompes jusqu'à épuisement, des tractions jusqu'à épuisement et 200 abdominaux ;
- une marche de 20 km ;
- une épreuve de natation 4x200 mètres.

Des épreuves spécifiques de sélection pour les nageurs de combat **Navy Seals (SEa Air Land)** :

- une épreuve de natation de 457 mètres en moins de 10 minutes ;
- des tests d'agrès avec un minimum de 15 tractions, de 100 pompes et 100 abdominaux en 2 minutes (avec 2 minutes de pause entre les quatre tests) ;
- une course de 2,4 km en tenue d'assaut en moins de 10 minutes ;
- 3,2 km de natation en mer avec palmes ;
- une épreuve de natation pieds et poings liés.

Les épreuves aquatiques - **Le combat water survival test (CWST) :**

- 1re épreuve : sauter dans l'eau et nager 15 mètres en tenu de combat avec arme et brelage,
- 2e épreuve : marcher les yeux bandés sur un tremplin de 3 mètres et se jeter dans l'eau avec arme et brelage. Dans l'eau, retirer le bandeau et nager 25 m,
- 3e épreuve : entrer dans l'eau, s'immerger, retirer tout l'équipement en immersion, puis nager 25 mètres en apnée.

Nageur de combat

Des épreuves de sélections spécifiques pour les **Pararescue Air Force (PJ)** :

- 2 x 25m de natation ;
- 500 m de natation en moins de 10 minutes ;
- 1,5 mile en moins de 9 minutes ;
- 10 pull-up minimum ;
- 58 sit-up minimum ;
- 54 push-up minimum.

Les experts en conditionnement physique mettent en évidence dans le cadre du programme **Tactical Human Optimization Rapid Rehabilitation and Reconditionning, (THOR 3, 2014)**, que l'endurance aérobie est considérée comme l'aspect le plus important à 93 % de la condition physique des Navy Seals.

Cette équipe multidisciplinaire constituée de coachs sportifs, de physiothérapeutes du sport, de diététiciens effectue des recherches de terrain afin d'identifier et de développer des **indicateurs prédictifs de blessures**. Ces indicateurs s'avèrent être essentiels pour **suivre et maintenir les capacités opérationnelles** des Sof Tactical Athlete dans le temps (ces forces spéciales représentent 69700 personnels pour l'ensemble de l'armée américaine).

TESTS COMMANDO : POLYVALENCE ET RÉSISTANCE PHYSIQUE (STAMINA-OPS)

Ce rapide descriptif des épreuves de sélection commando fait prendre conscience au futur sportif opérationnel d'élite du niveau très élevé des tests physiques.

Les pompes, abdominaux, tractions, grimpers de corde sont systématiques afin de **solliciter la capacité explosive du combattant jusqu'à la fatigue** en mettant en jeu l'endurance et la force.

La **résistance ou capacité du combattant à prolonger un effort de haute intensité le plus longtemps possible** est testée à travers les raids, marches ou palmages longues distances.

La **marche avec charge maximale** (supérieur à 50 kg) est le passage incontournable des forces spéciales pour mener à bien des missions de renseignement et d'attaque. Dans le cursus commando, les rudiments de la formation consistent à effectuer une insertion en zone hostile, à rejoindre un objectif, à observer, à agir, puis à s'extraire. Sur ce type d'effort, les charges sont généralement très lourdes : armement (munitions pour 24 heures), rations de combat commando (48 heures), outils de communication, systèmes d'armes... Au total, le poids du sac à dos avoisine les 60 à 70 kg. **L'endurance ou la capacité de prolonger un effort le plus longtemps possible avec une intensité modérée** est aussi testée à travers les épreuves de natation et de course à pied.

Face à ce constat, il s'avère primordial, pour se présenter aux tests d'endurance, d'habituer progressivement son corps au port de charges lourdes. Le plus efficace est l'usage d'une armature type **sac à dos type ALICE** (US ARMY) sur laquelle est fixée une charge progressive et quantifiable. En somme un sac à dos rustique et évolutif, identique pour tous les candidats !

Les tests aquatiques sont systématiques. L'apnée est évaluée sur des temps supérieurs à 60 secondes.

Il en ressort que le candidat potentiel aux épreuves commandos doit prendre en compte dans sa préparation physique : la polyvalence des activités (terre-air-mer), le temps de préparation, la progression, la fatigue, l'endurance, la force, l'explosivité des quatre membres, le gainage dos-abdominaux, le niveau d'intensité des exercices, la succession des parcours physiques, l'économie musculaire, la maîtrise de son poids durant le stage, les changements de vecteurs et la récupération après l'effort.

La **polyvalence physique** reste une des clés de la réussite du futur commando ou sportif "OPS" d'élite.

TESTS PRÉDICTIFS, RISQUES DE BLESSURES

Dans un contexte d'optimisation des performances humaines et de maintien de la condition physique opérationnelle, cette thématique est, certainement, pour les années à venir, la cible **facteur humain** essentielle pour mesurer un déficit et envisager un risque, que ce soit à l'entraînement ou sur le terrain.

Le *risk factors army for training injuries* (les facteurs de risques physiques liés à l'entraînement militaire) des Anglo-Saxons a pour objet de réduire les blessures professionnelles et d'augmenter les performances et la durabilité des sportifs "OPS". *(Conference 2014 TSAC, National Strength and Conditioning Association, Tactical Force, San Diego)*.

L'expérimentation de tests prédictifs de blessures demande une validation scientifique des épreuves.

Dans notre expérience, nous avons développé ces dernières années plusieurs **tests tactiques de terrain**, autour du conditionnement en choc, en protection et en mobilité. Ils sont à prendre avec précaution, car ils ne sont pas tous validés.

Au demeurant, ils fournissent des **indications précieuses et fiables** sur votre **potentiel physique**. Ces évaluations sont simples, reproductibles et rapides à mettre en œuvre. Elles ne nécessitent pas de moyen en matériel. Un seul test est nécessaire par évaluation.

Nous développerons dans le chapitre "Risques" les conduites à tenir pour les principales pathologies du combattant sur le terrain.

Évaluations CHOC

- **Le test gainage :** évalue la force musculaire des muscles abdominaux et du plan antérieur. Le but est de maintenir le plus longtemps possible son buste décollé du sol en appui sur les avant-bras. La norme est de 1 minute.

- **Le test de "Sorensen" :** évalue la force musculaire statique des muscles spinaux. Il permet de mettre en évidence la diminution de l'endurance des muscles paravertébraux (fibres 1). Le but du test est de maintenir le plus longtemps possible son tronc décollé du sol : la norme est de 2 minutes +- 30 secondes.

Une douleur localisée au niveau de la base du dos, des tremblements à moins de 30 secondes, signent un déficit des chaînes musculaires antérieures et postérieures et témoignent d'un risque possible de ***lombalgies****.*

- **Le test de la chaise ou test "Killy" :** évalue l'endurance statique des muscles de la cuisse. Le but est de tenir la position assise dos au mur le plus longtemps possible. Le test se termine lorsque le sujet ne peut plus tenir la position.

Une douleur qui augmente localisée au niveau des genoux sur une position de flexion maintenue longtemps, signe un risque possible de ***syndrome rotulien****.*

- **Le test de préhension :** évalue la force musculaire des mains, des bras et des fixateurs des omoplates. Le but est de maintenir le plus longtemps possible son corps en suspension, sans l'aide des jambes, les bras semi-fléchis.

Une douleur rapide (inférieure à 30 secondes) localisée au niveau des épaules ou au niveau des coudes témoigne d'un risque possible de ***tendinites*** *des muscles de la coiffe des rotateurs (épaules) ou des muscles des avant-bras épicondyliens (coude).*

Évaluations PROTECTION

- **Le test d'équilibre "MP1" :** évalue l'équilibre des membres inférieurs. Le but est de maintenir l'équilibre sur un genou fléchi à 30° (sol stable), les yeux fermés, durant une minute.

L'expérimentateur calcule le nombre de déplacements du pied testé (DPT) pour récupérer son équilibre et le nombre de pieds posés à terre (PPT) sur la jambe non testée (perte d'équilibre).

Le comparatif droit, gauche, doit être homogène. Une différence significative de DPT et PPT supérieure à 20% signe un risque potentiel ***d'entorses*** *de cheville ou du genou du côté du membre inférieur testé.*

- **Le test saut : évalue la qualité de la réception et l'équilibre des membres inférieurs. Le but est de sauter d'une hauteur de 80 centimètres en se réceptionnant sur un sol stable genou fléchi à 40°, les yeux fermés.**

Le comparatif droit, gauche, doit être homogène. Une chute d'un côté, un déséquilibre majeur à la réception témoignent d'un risque possible ***d'entorses*** *de cheville ou du genou du côté du membre inférieur testé.*

"MOBILITÉ"
OPS en mode charge

Évaluations MOBILITÉ

Mobilité physique

▸ **Le test de la marche :** évalue la résistance des membres inférieurs et supérieurs ainsi que l'activation cardiaque. Le but est d'effectuer un maximum de montées et de descentes d'une marche à 30 cm du sol, les yeux ouverts, en faisant tourner une charge de 6 kg autour de soi durant 5 minutes.

*Une sensation d'ébriété, une fréquence cardiaque supérieure à 90 après 2 minutes de récupération témoignent d'un état avéré de **fatigue physique**.*

Mobilité psychique

▸ **Le test de motivation "MP2" :** évalue la volonté psychique d'un individu à maintenir dans le temps un conditionnement physique soutenu.

TEST MOTIVATION/SPORTIF "OPS"					
Points	1	2	3	4	5
Avez-vous pris du poids cette année ?	+ de 5 kg	3 kg	2 kg	1 kg	Non
Avez-vous un sommeil réparateur ?	Non	–	+/-	–	Oui
Avez-vous des objectifs sportifs ?	Non	–	+/-	–	Oui
À quelles fréquences pratiquez-vous des activités physiques ?	3 fois/m	2 fois/s	3 fois/s	4 fois/s	5 fois/s
Quel type d'effort effectuez-vous ?	Très facile	–	moyen	–	Très difficile

Votre profil motivation/conditionnement OPS :

Moins de 10 points : vous êtes déconditionné, votre motivation est au plus bas, il vous faut redémarrer progressivement. (Unité de lieu, de temps et d'action).

De 10 à 15 points : vous êtes conditionné, mais peu motivé. Reposez-vous avant de reprendre. Ne perdez pas le bénéfice de votre entraînement.

De 15 à 22 points : vous êtes conditionné et motivé. Maintenez la progression. Poursuivez l'intensification de votre entraînement.

De 22 à 25 points : vous êtes parfaitement conditionné et très motivé. "Addict" à l'effort, attention à ne pas dépasser vos limites. Le risque de blessure est latent. Alertez-vous sur un état possible de surentraînement.

▶ **Le test de surentraînement :**

Le groupe de "surentraînement" de la "Société française de médecine du sport (SFMS) 2005" propose le **questionnaire de surentraînement** suivant :

		OUI	NON
1	Mon niveau de performance sportive/mon état de forme a diminué		
2	Je ne soutiens pas autant mon attention		
3	Mes proches estiment que mon comportement a changé		
4	J'ai une sensation de poids sur la poitrine		
5	J'ai une sensation de palpitation		
6	J'ai une sensation de gorge serrée		
7	J'ai moins d'appétit qu'avant		
8	Je mange davantage		
9	Je dors moins bien		
10	Je somnole et bâille dans la journée		
11	Les séances me paraissent trop rapprochées		
12	Mon désir sexuel a diminué		
13	Je fais des contre-performances		
14	Je m'enrhume fréquemment		
15	J'ai des problèmes de mémoire		
16	Je grossis		
17	Je me sens souvent fatigué		
18	Je me sens en état d'infériorité		
19	J'ai des crampes, douleurs musculaires fréquentes		

20	J'ai plus souvent mal à la tête		
21	Je manque d'entrain		
22	J'ai parfois des malaises ou des étourdissements		
23	Je me confie moins facilement		
24	Je suis souvent patraque		
25	J'ai plus souvent mal à la gorge		
26	Je me sens nerveux, tendu, inquiet		
27	Je supporte moins bien mon entraînement		
28	Mon cœur bat plus vite qu'avant au repos		
29	Mon cœur bat plus vite qu'avant à l'effort		
30	Je suis souvent mal fichu		
31	Je me fatigue plus facilement		
32	J'ai souvent des troubles digestifs		
33	J'ai envie de rester au lit		
34	J'ai moins confiance en moi		
35	Je me blesse facilement		
36	J'ai plus de mal à rassembler mes idées		
37	J'ai plus de mal à me concentrer dans mon activité sportive		
38	Mes gestes sportifs sont moins précis, moins habiles		
39	J'ai perdu de la force, du punch		
40	J'ai l'impression de n'avoir personne de proche à qui parler		
41	Je dors plus		
42	Je tousse plus souvent		
43	Je prends moins de plaisir à mon activité sportive		
44	Je prends moins de plaisir à mes loisirs		
45	Je m'irrite plus facilement		
46	J'ai une baisse de rendement dans mon activité scolaire ou professionnelle		
47	Mon entourage trouve que je deviens moins agréable à vivre		
48	Les séances sportives me paraissent trop difficiles		
49	C'est ma faute si je réussis moins bien		
50	J'ai les jambes lourdes		
51	J'égare plus facilement les objets (clefs, etc.)		
52	Je suis pessimiste, j'ai des idées noires		
53	Je maigris		
54	Je me sens moins motivé, j'ai moins de volonté, moins de ténacité		

Le seuil de surentraînement se situe arbitrairement à un **score de 20 oui sur 54**.

Ceci correspond à une valeur moyenne et dépend du profil du sportif "OPS". Attention, les addicts à l'entraînement peuvent présenter un score inférieur à 20, surcompensé par une motivation à toute épreuve (test entre 22 et 25). Les signes de fatigue sont alors camouflés par la pression de la charge physique qu'ils s'imposent.

Le risque, à terme, est bien sûr la blessure ; **dans un contexte opérationnel, une fatigue intense peut être responsable d'une baisse de la vigilance, pouvant mettre en péril sa vie et celle de son groupe.**

Il appartient donc à chaque sportif opérationnel d'évaluer régulièrement sa capacité choc-protection-mobilité.

Un carnet **d'analyse des modes de défaillances et risques physiques (RISK-OPS EVAL)** est recommandé pour favoriser la prise de conscience de son état de sécurité physique sur une année.

FROG OPS

Le combattant mesure régulièrement son aptitude physique pour durer.

La mesure de la performance vous appartient, alors restez discret sur votre potentiel physique : l'effet de surprise reste votre force.

La barre n'est jamais assez haute ! Tout est question de volonté.

8
RISQUES

La *blessure physique et psychique* reste un risque inhérent à l'action. La préparation physique engendre des mises en situation à risques, plus souvent d'ailleurs à l'entraînement que sur le terrain. Cela occasionne : des fatigues corporelles, des lésions musculaires et tendineuses, des traumatismes osseux et psychiques qui peuvent engendrer une rupture dans la progression, voire un arrêt temporaire ou définitif de la pratique sportive. C'est le point de départ d'un mécanisme connu : le déconditionnement.

Les facteurs de risques responsables du déconditionnement sont multiples. Ils peuvent être d'origine intrinsèque : dépendants de l'âge, du sexe, de la morphologie, de l'indice de masse corporelle (IMC), des conduites "addictives" (alcool, tabac...), du niveau physique, de la fatigue, du surmenage et de la pression psychologique. Mais aussi d'origine extrinsèque : dépendants de l'environnement de l'activité physique, du type d'entraînement, des conditions d'entraînement et du matériel utilisé.

L'aptitude au combat résulte de la capacité du sportif opérationnel à diminuer le risque physique par la prévention à travers la connaissance des principaux signes traumatiques, physiques, physiologiques et environnementaux. Ceci rentre dans le cadre de l'optimisation des performances physiques (versus facteur humain) et plus largement le maintien du processus de conditionnement.

FATIGUE INSIDIEUSE

La fatigue, c'est quoi ?

La "fatigue" est la résultante d'un état de fonctionnement prolongé d'un organe ou d'un organisme se traduisant par une diminution de sa fonction ou de sa performance. Elle se traduit comme une chute de la performance attendue.

Les signes

Savoir reconnaître les signes d'apparition de la fatigue physique est primordial pour le sportif opérationnel. Il n'y a pas d'entraînement et, a fortiori, de combat sans fatigue.

La fatigue d'origine sportive s'installe souvent de manière insidieuse. Elle n'est pas que musculaire. Elle provient d'un déficit latent de volonté souvent lié au stress lors de l'effort. Elle peut aboutir à un niveau d'épuisement lorsque l'activité est trop intense, trop rapide, et trop longue pour le combattant.

Parmi les causes souvent retenues, l'accumulation d'acide lactique dans les muscles ainsi que l'insuffisance de réserves hépatiques et musculaires en glucose sont responsables de ce manque de force lors d'efforts intenses en charge ou lors de cette impression de ne "plus avoir de jambes" à l'occasion d'efforts d'endurance. Les signes d'apparition sont, essentiellement, une diminution des performances, des crampes et des sensations de flottement des membres associées à une baisse de motivation.

Pour le sportif "OPS"

La fatigue musculaire est la résultante d'un engagement physique intense. Ceci correspond pour le combattant à l'instant de décrochage physique. Elle s'exprime dans des situations particulières : parcours du commando, corps à corps, marches sur de longues distances, survie, état de stress sur le long terme...Chez le sportif engagé civil, nous la retrouvons principalement dans les sports extrêmes comme le triathlon, le marathon et l'alpinisme. La pratique sportive intensive pose de manière récurrente la question de la résistance du corps à l'effort dans le temps. L'incidence sur le potentiel musculaire, mais aussi sur l'ensemble des fonctions du corps, la circulation, la respiration, la tonicité, la nutrition sont à prendre en considération dans une logique de maintien de la condition physique opérationnelle.

La résistance à la fatigue est souvent employée comme test de sélection chez le combattant pour mesurer sa capacité à effectuer des efforts intenses en absence de sommeil. La question de la fatigue est d'autant plus importante dans les opérations récentes que les possibilités de repos pour le combattant sur le terrain sont de plus en plus limitées.

La conduite à tenir

Dans le cadre d'une préparation physique intense, l'on constate une diminution de la performance si le sportif "OPS" ne respecte pas une période de repos relative avant la mission, en diminuant significativement sa charge d'entraînement. Il est admis que cette période est nécessaire pour réparer les lésions musculaires et reconstituer les réserves énergétiques.

La fatigue physiologique demande un repos absolu de 24 heures à 48 heures avant de reprendre un entraînement. Le sportif opérationnel est alerté sur les signes de fatigue passagère (over training), dans le cadre de missions ou de compétitions. Dans certains cas, lors de raids sportifs intenses, il est préférable de prolonger le repos durant plusieurs jours avant la reprise d'une activité.

Lorsque le combattant néglige les signes avant-coureurs de fatigue, il risque de se trouver dans une situation de surentraînement ou, pour les Anglo-Saxons, *d'over training syndrom*.

SURENTRAÎNEMENT OU "BURN-OUT"

Le surentraînement, c'est quoi ?

Le surentraînement est un mécanisme répandu chez le combattant. Il est lié à une augmentation quantitative de la charge physique lors d'un entraînement non maîtrisé. Trop d'activités physiques ! Ceci a pour conséquence de diminuer la performance physique sur le long terme, ainsi que les défenses immunitaires favorisées par la réaction inflammatoire du muscle lors d'un excès de charges physiques. Ce n'est pas sans conséquence. Parmi les causes identifiées, il semble, entre autres, que les microlésions musculaires induites par l'exercice physique de type endurant interviennent dans le syndrome de surentraînement, d'où l'importance, dans la programmation d'un entraînement, de respecter la progression et les temps de repos. Il existe d'autres facteurs : comme la pratique de sports exigeant de la force intense, de la vitesse d'exécution, des efforts extrêmes de coordination.

Les signes

Les symptômes sont plus généraux : troubles de l'humeur, troubles du sommeil, perte de l'appétit, diminution de la capacité d'aérobie, diminution des défenses immunitaires, blessures sportives à type de fractures de fatigue ou tendinites à répétition. Il en résulte une fatigue récurrente, souvent refoulée par le combattant.

Signes du surentraînement

- fatigue (signe le plus courant) ;
- blessures plus fréquentes ;
- douleurs musculaires après l'effort (plus de 48 heures) ;
- infections virales ;
- apathie, perte d'intérêt pour l'entraînement ;
- insomnie.

Symptômes du surentraînement

- diminution des performances musculaires ;
- fatigue chronique ;
- baisse de motivation ;
- difficulté de concentration ;
- difficulté d'endormissement ;
- diminution des capacités de prise de décision.

La conduite à tenir

À terme, le risque engendré par le surentraînement peut évoluer en syndrome dépressif avec des troubles du comportement alimentaire. La mise au repos est impérative, elle doit être respectée. Elle peut durer plusieurs mois avant de reprendre un rythme d'entraînement qualitatif.

En pratique, la fréquence cardiaque doit baisser après l'entraînement. Si ce n'est pas le cas, ou si elle s'élève à distance de l'effort (au-delà de 5 minutes), le test est positif : vous êtes en surentraînement.

Conseils et prévention pour le sportif "OPS" : fatigue et surentraînement

votre corps est exigeant

- le repos est obligatoire après tout exercice physique
- l'effort doit être progressif
- ne dépassez pas vos limites en début de progression
- reprenez une activité physique a minima après une période de surentraînement

DOS SANS FAILLE

La lombalgie, c'est quoi ?

C'est une douleur lombo-sacrée en barre située à la base du dos, elle peut être médiane (au milieu) ou latéralisée (d'un seul côté) avec possibilité d'irradiation dans la fesse et/ou dans la jambe.

Les signes

Savoir reconnaître les signes d'apparition d'une lombalgie est primordial pour le sportif opérationnel. C'est un mécanisme de déconditionnement qui est souvent insidieux suite à une chute, un port de charge, un mouvement forcé, et qui peut rester en sommeil quelques mois ou des années avant de parler.

Il existe 3 types de lombalgies : la lombalgie aiguë (lumbago) datant de moins de 6 semaines, la lombalgie subaiguë entre 6 semaines et 3 mois ; au-delà de 3 mois, c'est la lombalgie chronique.

Pour le sportif "OPS"

D'après les données épidémiologiques civiles, deux personnes sur dix passeront toute leur existence sans douleur lombaire !

Dans les forces, la lombalgie concerne 7 à 13% d'une population de combattants professionnels, pourtant jeunes et entraînés quelle que soit l'armée d'appartenance. La multiplication des missions, les conditions de vie précaires en opération, le port de charges lourdes, le manque de sommeil sont autant de facteurs qui prédisposent à la lombalgie. Nous retrouvons des données similaires dans le milieu sportif civil professionnel.

Cette pathologie, souvent cachée, est vécue par le sportif "OPS" comme une douleur invalidante à type de "rachialgie" entraînant une incapacité à pouvoir tenir son poste ou effectuer un sport à forte contrainte physique. La chronicité de la douleur peut entraîner un état d'inaptitude physique qui risque à terme d'engendrer des modifications physiologiques et psychiques souvent accompagnées d'un arrêt temporaire ou définitif de la pratique sportive.

Le vécu de la douleur pour cette population est dépendant de plusieurs facteurs : l'emploi occupé (pression psychologique), la résistance au stress (phénomène de résilience), les activités professionnelles sous contraintes mécaniques (vibrations du corps et postures de confinement prolongées).

La conduite à tenir

Lors d'un premier épisode de lombalgie, il existe un consensus de prise en charge correspondant à un traitement associant :

repos limité à 3 jours maximum, médicaments antalgiques et anti-inflammatoires, activité physique a minima.

Le traitement doit impérativement prendre en compte les spécificités d'emploi et les attentes du sportif "OPS". En effet, un combattant expérimenté issu d'une unité d'élite ou un compétiteur n'a pas les mêmes attentes et la même gestion de la douleur qu'un combattant novice.

"PROTECTION"
Commando en mode transmission

Lors d'un second épisode de lombalgie aigüe ou lombalgie subaigüe, la prise en charge thérapeutique est identique. En revanche, il semble important, à ce stade, d'analyser plus en détail les facteurs responsables de la rechute. Ils peuvent être multiples : dépression, anxiété dans le cas d'un stress post-traumatique consécutif à une projection sur un théâtre d'opérations, impossibilité de diminuer l'activité physique (un brevet à passer, une aptitude, une épreuve sportive...) ou tout simplement manque de temps, charge de travail, rythme décalé des missions.
Enfin le port de charges lourdes (sac à dos, manutention de matériel lourd) associé à des marches sur longue distance, le confinement, les positions longtemps maintenues (cache d'observation, position assise de transmission avec charge...).

Attention ! La lombalgie chronique a une prévalence moindre que la lombalgie aiguë, mais c'est un facteur de risque primordial concernant l'invalidité du combattant. Parmi les traitements proposés, les "écoles du dos" basées sur un modèle biomécanique ainsi que les thérapies comportementales n'apportent pas de gain objectivable quant à la reprise d'un sport ou d'une activité professionnelle. Il en est de même pour les traitements passifs : massage et électrostimulation antalgique.

La sédentarité est le facteur de risque ; l'action physique est le remède ! Le sport n'est pas l'ennemi du dos. Contrairement aux idées reçues, plus le sportif opérationnel développe sa musculature, plus il réduit le risque de douleur. De même, la course à pied (sans charge additionnelle) est indiquée, car elle diminue la pression sur les disques. Il n'y a pas de lombalgie en Afrique, car les populations portent sur la tête la plupart des charges, ce qui a pour effet de stimuler les muscles cervicaux et dorsaux depuis le plus jeune âge !

Rassurez-vous, la lombalgie n'est pas sans traitement. Le **reconditionnement physique** rapide est nécessaire, dans l'optique d'une reprise d'activité professionnelle et sportive encadrée.

Conditionnement du lombalgique

- **Gainage force et résistance (choc).**
  Répétez le mouvement (drill) lentement sans douleur.
- **Esquives latérales et antéropostérieures (protection).**
  Répétez le mouvement (drill) rapidement sans douleur.
- **Équilibre et coordination (protection).**
- **Extraction psychique** apprentissage de la diminution du tonus postural actif (mobilité).
- **Extraction physique** apprentissage de l'économie musculaire **(mobilité)**.

Les tests spécifiques de capacité physique

La réalisation de tests spécifiques est indiquée pour suivre l'évolution de votre lombalgie. Ces tests évaluent l'endurance fonctionnelle dynamique de votre rachis.

Le test de soulèvement de charge ou test "PILE". C'est un test triangulaire, c'est-à-dire d'intensité croissante. Il consiste à soulever des charges croissantes du sol à la ceinture. Il débute à 7 kg pour les hommes et 4 kg pour les femmes. La progression se fait de 5 kg en 5 kg (charge maximale sans douleur). Le sujet doit prendre la charge au sol et la poser sur une table en effectuant 4 allers et retours en moins de 20 secondes. Toutes les 20 secondes, la charge est augmentée.

D'autres tests simples peuvent être réalisés par le combattant pour objectiver un déficit musculaire des spinaux/dorsaux (muscles lombaires) ou des abdominaux :

Le test de "Sorensen" : évalue la force musculaire statique des muscles spinaux. Il permet de caractériser la diminution de l'endurance des muscles paravertébraux (fibres 1). Le but du test est de maintenir le plus longtemps possible son tronc décollé du sol. La norme est de 2 minutes plus ou moins 30 secondes.

Le test de "Shirado" : teste la force musculaire des abdominaux. Le but est de redresser le tronc jusqu'au décollement des omoplates et de maintenir cette position le plus longtemps possible. La norme est de 3 minutes.

Dans notre expérience, il est indispensable de quantifier précocement le temps de maintien de la posture. Cette évaluation est le point de départ de votre reconditionnement.

Conseils et prévention pour le sportif "OPS" : lombalgie

Votre dos est solide

- le repos est néfaste
- la musculation fonctionnelle est indiquée
- la douleur reste présente longtemps
- il faut reprendre une activité physique rapidement hors contrainte
- prenez votre lombalgie en charge le plus tôt possible

PIEDS AGILES

L'entorse de cheville, c'est quoi ?

L'entorse de cheville est un traumatisme des ligaments, le plus souvent sur la face externe du pied avec une atteinte de un, deux ou trois faisceaux du ligament latéral externe. Elle est occasionnée par une position excessive de l'articulation de la cheville.

Les signes

Le système ligamentaire externe est rompu, entraînant une douleur vive, un gonflement immédiat en regard de l'articulation et une impotence fonctionnelle.

Pour le sportif "OPS"

Les lésions du pied à type d'entorses ligamentaires sont très fréquentes dans le milieu sportif, et particulièrement chez le combattant.

Elles représentent 70 % des pathologies des membres inférieurs. Chez une population de parachutistes de l'armée américaine : 1000 sauts engendrent 14 traumatismes dont 60 % sont des entorses de cheville. Dans le cadre d'un entraînement commando, l'on constate un taux d'incidence équivalent de 14/1000, avec 78 % d'entorses de cheville et 18 % d'entorses de genou.

Plus largement, dans le milieu sportif, nous observons 15% d'entorses de cheville. Dans 90 % des cas, c'est le ligament collatéral latéral ou ligament externe qui est en cause consécutivement à un mécanisme de "varus forcé" de la cheville : le pied partant en dedans.

L'entorse de cheville a une incidence non négligeable sur le devenir du combattant en termes de reprise d'activité. Il existe des facteurs de risques : les réceptions de saut, les déplacements sur terrains accidentés, ainsi que les parcours d'audace et les sports collectifs.

La conduite à tenir

Le traitement de l'entorse de cheville fait l'objet d'un nombre important de discussions. Il est classiquement admis que les entorses bénignes (rupture partielle du ligament latéral externe) évoluent favorablement sans séquelles quel que soit le traitement.

L'application du protocole RICE est préconisée :

(Rest = repos ; Ice = glace ; C = compression ; E = élévation de la jambe).

Protocole R.I.C.E

Méthode de premiers soins qui est utilisée immédiatement après une blessure musculaire ou une entorse.
Elle comporte 4 étapes : **le repos, la glace (ice), la compression, l'élévation.**
Repos : sur plusieurs jours en évitant tout mouvement.
Icing : refroidissez la zone traumatique 2 à 3 fois par jour.
Compression : effectuez une compression avec une bande élastique.
Élévation : maintenez le membre lésé en position surélevée le plus souvent possible.
Un traumatisme donne lieu à une inflammation (orage inflammatoire) provoquant des douleurs et un œdème. L'absence de traitement limite la récupération. **L'application du protocole RICE favorise un rétablissement rapide.**
Des conseils pour l'application de glace : si vous ne possédez pas de poche de glace, un sac de petits pois congelés fera l'affaire ! Si vous êtes sur le terrain, il existe des sprays réfrigérants en pulvérisation. Un point d'eau frais en montagne est tout aussi efficace. Attention à ne jamais appliquer un glaçon à même la peau, cela risque d'engendrer une brûlure.

Pour les entorses graves, le traitement est plus controversé, mais un consensus s'oriente en faveur d'une immobilisation par attelle. Les traitements médicamenteux sont **à base d'anti-inflammatoires dans 94 % des cas**, un traitement préventif de la maladie veineuse dans 96 % et des antalgiques dans 100 % des cas.

L'immobilisation relative par *strapping* pour les entorses bénignes ou par *attelle* (type air-cast®) pour les entorses graves est recommandée.

Attention ! Le système proprioceptif est un élément de la sensibilité ayant pour rôle de percevoir, transmettre et intégrer des messages issus de récepteurs périphériques (pieds, chevilles, genoux...) dans le but d'élaborer une réponse motrice adaptée. Il est recommandé d'entretenir cette réponse le plus souvent possible (déséquilibre de la cheville par exemple, à partir de sollicitations externes). Le recueil du message proprioceptif s'effectue par l'intermédiaire de la vue, de l'oreille interne (le vestibule), ainsi que des récepteurs articulaires et musculaires. L'ensemble des récepteurs contribuent au contrôle du mouvement. Le principe de traitement proprioceptif consiste à favoriser des situations de déséquilibre en fermant les yeux, et /ou en répondant à des forces extérieures induites.

Le traitement proprioceptif est vivement conseillé afin d'éviter les entorses à répétition et de favoriser ainsi la récupération de la sensibilité profonde. Il améliore les phénomènes de coordination, indispensables à la stabilisation de votre cheville.

Les tests spécifiques

La réalisation de tests spécifiques est indiquée pour suivre l'évolution de votre entorse :

Le test d'équilibre "MP1" consiste à objectiver un déficit proprioceptif. L'objectif du test est de tenir sur une jambe les yeux fermés durant 1 minute. Le genou est fléchi à 30°. L'opérateur (votre binôme) compte le nombre de fois où votre pied qui est en contact avec le sol se déplace pour rétablir une situation de déséquilibre. La comparaison est effectuée avec le membre inférieur opposé. Ce test permet de quantifier le déséquilibre du membre inférieur sain par rapport au membre inférieur lésé. Il a valeur de test et d'exercice à distance de l'épisode initial d'entorse (au-delà de 3 semaines).

Il existe d'autres indicateurs de surveillance de votre entorse. Ils ont pour rôle de suivre son évolution :

- la douleur : elle doit diminuer dans le temps,
- l'œdème, il doit dégonfler,
- la mobilité de la cheville à travers le **test de l'accroupissement** : vous devez pouvoir vous accroupir en objectivant la même amplitude entre les deux chevilles.

Votre pied s'adapte

- Le repos est bénéfique.
- Il faut muscler et mobiliser la cheville progressivement.
- La douleur est parfois présente à la marche.
- Reprenez une activité proprioceptive (équilibre) rapidement.

TENDONS ÉLASTIQUES

La tendinite, c'est quoi ?

La tendinite est une lésion du tissu conjonctif. Elle est due à une hypersollicitation d'un tendon dans des conditions de fonctionnement dégradé. Cette inflammation se traduit par une atteinte fonctionnelle avec limitation de l'amplitude du mouvement et des douleurs plus ou moins importantes sur le trajet du tendon. La réaction inflammatoire donne lieu souvent à un gonflement local. Les tendinites sont des lésions qui peuvent entraîner, si elles ne sont pas prises en charge, une tendinopathie chronique (tendinite chronique) voire une "tendinose" ou rupture du tendon.

Les signes

Pour détecter une tendinite, vous devez objectiver les trois éléments suivants : une douleur sur le trajet du tendon, une douleur à la mise en tension du tendon, une douleur du tendon lors d'une contraction musculaire contre résistance.

Pour le sportif "OPS"

Toutes les activités répétitives sont sujettes à cette pathologie d'hyperutilisation. Pour l'armée américaine, cela représente 6 à 7 % des blessures les plus fréquentes dans le cadre d'un programme d'entraînement physique.

Bien souvent, le combattant soumet ses tendons à des contraintes régulières sans période de repos. Parmi les causes rencontrées, nous retrouvons : l'utilisation d'un matériel inadapté, un geste de combat non maîtrisé, une répétition gestuelle excessive, un déséquilibre postural, un dysfonctionnement articulaire, des troubles nutritionnels ou hydriques, une infection dentaire à distance.

En milieu opérationnel, nous nous intéresserons plus spécifiquement à la tendinite du tendon rotulien (genou), du triceps sural (mollet) et de l'épaule. L'incidence fonctionnelle sur le devenir du combattant est non négligeable en terme de reprise d'activité.

- **La tendinite du tendon rotulien** est la plus fréquente des lésions ligamentaires du genou. Nous la rencontrons fréquemment dans les sports nécessitant des impulsions et des sauts (piste d'audace, parcours du combattant). Elle se manifeste par une douleur siégeant au niveau de la rotule lors d'une impulsion ou lors d'une réception de saut.
- **La tendinite du tendon d'Achille** (triceps sural, muscle du mollet) prend naissance sous le talon. Extrêmement sensible aux efforts de course à pied sur terrains accidentés, ce tendon propulseur demeure fragile. Une surcharge, une absence d'échauffement, un entraînement intensif, un changement de chaussures de sport peuvent provoquer, à terme, une inflammation du tendon dans sa partie basse. Si l'effort n'est pas contrôlé ou diminué, le combattant risque, à terme, la rupture tendineuse.
- **La tendinite du sus-épineux** se manifeste par des douleurs dans l'épaule qui augmentent à l'effort et diminuent au repos. La force musculaire est souvent diminuée si l'on compare l'élévation antérieure des deux bras, les pouces vers le ciel, contre une résistance maximale. Sur un test de mobilité d'abduction, en écartant le bras sur le côté, le combattant perçoit une douleur sur la partie latérale de l'épaule et parfois un point d'accrochage, révélateur du conflit os-tendon.

La conduite à tenir

Le traitement de la tendinite débute par une mise au repos "relative" du tendon sur 10 jours. L'objectif est d'atténuer les symptômes tout en maintenant une activité minimale. L'application de compresses imbibées d'un antalgique gel avec un anti-inflammatoire durant 5 jours, 8 h/j, est conseillée. Le massage appuyé du tendon transversalement pendant 10 minutes est recommandé deux fois par jour. Les étirements du tendon et groupes musculaires cibles sont effectués le plus souvent possible en excentrique. À force d'être étirées, les fibres se réorganisent dans le sens de la traction. La reprise du sport progressive se fait sans douleur et sans résistance. Elle peut nécessiter la pose d'une contention tactique de ré-harmonisation de l'articulation cible ou d'une contention souple type "strapping".

Si la tendinite persiste, un traitement par ondes de choc est conseillé avec un effet favorable sur la cicatrisation du tendon. En dernier recours, en milieu spécialisé, l'injection de plasma enrichi en plaquettes ou "PRP" semble être une technique prometteuse.

Une spécificité concerne le traitement fonctionnel de la tendinite du triceps : vous pouvez confectionner deux petites talonnettes de 2 cm à mettre dans chaque chaussure afin de diminuer la contrainte d'étirement du tendon. C'est souvent miraculeux !

La reprise du sport doit être douce et hors contrainte, et si possible en piscine.

MUSCLES RÉACTIFS

La douleur musculaire DOMS ou (Delayed, Onset, Muscle, Soreness), c'est quoi ?

C'est la courbature ou douleur musculaire à type de spasmes localisés sur les gros volumes musculaires comme les quadriceps ou les ischio-jambiers. Elles surviennent 24 à 48 heures après un exercice musculaire intense, le plus souvent sur des efforts de des-

cente dans le cas d'un raid en montagne, des efforts d'endurance longue distance, un marathon, un triathlon, lors d'une reprise d'activité sportive ou lors d'une modification d'une progression d'entraînement.

Le travail musculaire excentrique sur un mode freinateur peut engendrer des microlésions musculaires accompagnées d'une phase inflammatoire, puis d'une phase de régénération musculaire. Le mode de travail excentrique est responsable d'un stress mécanique intéressant surtout les fibres rapides. L'acidose lactique explique les douleurs musculaires immédiates, mais pas les douleurs à distance de l'effort sportif.

Les signes

Le muscle est gonflé, douloureux au repos ainsi que lors des tests d'étirement passif du groupe musculaire.

Pour le sportif "OPS"

Le combattant est soumis sur le terrain à des contraintes musculaires multiples à l'origine de : courbatures, crampes, contusions, élongations. Les blessures musculaires chez le combattant sont souvent la conséquence d'un exercice en force sans préparation.

La conduite à tenir

Prévention en amont en dosant la charge physique et, en aval, repos 48 heures après un effort intense.

La crampe musculaire, c'est quoi ?

La crampe musculaire est une contraction douloureuse passagère d'un ou plusieurs muscles survenant au repos ou lors d'un effort. C'est un signe d'épuisement du ou des muscles chez le combattant.

Les signes

Les symptômes sont généralement une douleur intense sur le trajet du muscle accompagnée d'une perte de mobilité.

La conduite à tenir

Les facteurs de prévention sont une hydratation efficace par petites quantités répétées, un apport de sels minéraux dans les boissons énergétiques diluées. Le traitement consiste à étirer le muscle quelques secondes, puis à effectuer un tenu-relâché sur le groupe musculaire cible.

La contusion musculaire, c'est quoi ?

La contusion musculaire est la conséquence d'un coup reçu sur le muscle en phase de contraction. La douleur se localise au point d'impact.

Les signes

Le symptôme est une ecchymose ou épanchement de sang qui apparaît en regard du choc.

La conduite à tenir

Le traitement consiste à laisser le temps au muscle de cicatriser. En moyenne, la cicatrisation du muscle est de 10 jours.

En phase aiguë : l'application du protocole RICE **(Rest-repos ; Ice-glace ; C-compression ; E-élévation de la jambe)** est préconisée.

Le massage et la chaleur sont vivement déconseillés : il existe un risque d'aggravation de la lésion. À terme le repos est recommandé ainsi que l'absence d'entraînement physique durant trois semaines.

L'élongation musculaire, c'est quoi ?

L'élongation ou claquage est un allongement traumatique du muscle. Elle survient lors d'une sollicitation excessive à la limite de l'étirement du muscle ou lors d'une contraction en freinage du muscle. Les muscles du plan postérieur des membres inférieurs sont généralement concernés (les ischio-jambiers, le triceps). La déchirure peut être partielle ou complète.

Les signes

Les symptômes sont une douleur vive et brutale sur le trajet du muscle. La douleur est comparable à un coup de poignard.

La conduite à tenir

Elle impose l'arrêt immédiat de l'effort. Le traitement est identique à la contusion musculaire. Un avis médical est recommandé pour la reprise du sport.

Conseils et prévention pour le sportif "OPS" :
courbature, crampe, contusion, élongation
Vos muscles réagissent :
- le repos est recommandé
- la douleur est parfois présente à distance de l'effort
- reprise de l'activité sportive après la phase de régénération et de cicatrisation du muscle (entre 48 h et 3 semaines pour une élongation massive)

FRACTURES DISCRÈTES

La fracture de fatigue, c'est quoi ?

C'est une fracture partielle ou totale de l'os sain, elle survient généralement insidieusement. *Elle est due à un surmenage mécanique. Les douleurs sont présentes, constamment, à l'effort.*

Pour le sportif "OPS"

Chez le combattant, nous la retrouvons surtout sur des activités de course intense avec charge, lors d'une préparation à un stage commando ou à une compétition. Elle est fréquente dans le milieu sportif, en particulier chez le personnel féminin. Nous la localisons, préférentiellement, au niveau du pied, du fémur ou du bassin.

La conduite à tenir

Le traitement consiste en un arrêt impératif de la pratique sportive. Il est urgent de consulter un spécialiste et de poser un diagnostic. Le pronostic est souvent favorable mais interrompt les perspectives de progression du combattant dans son entraînement.

ROTULES À TOUTE ÉPREUVE

Le syndrome rotulien, c'est quoi ?

Le syndrome rotulien résulte d'un déséquilibre *mécanique par dysfonctionnement de l'appareil extenseur du genou (quadriceps) se manifestant par une hyperpression passive en position de conduite ou un choc direct en réception de saut.*

Les mouvements alternés soumettent l'articulation du genou à des contraintes parfois excessives sur la rotule. Les douleurs au-

tour de la rotule sont présentes ainsi que le "toucher postérieur". Pour l'objectiver : sur une position genou tendu, jambe au repos, vous amenez délicatement la rotule sur le côté (en interne ou en externe) afin de chercher des points douloureux sur la face postérieure de celle-ci. Une douleur vive et précise signe un possible syndrome rotulien.

Pour le sportif "OPS"

Chez le combattant, il fait suite à un traumatisme direct, par écrasement de la rotule lors d'un saut ou un traumatisme indirect lors de gestes sportifs en impulsions-réceptions, accroupissements, changements de direction utilisés sur des pistes d'audace ou lors d'un entraînement au combat.

La conduite à tenir

Le traitement consiste à maintenir le genou en position tendue le plus souvent possible, puis à distance de la douleur, à introduire progressivement le vélo en "moulinant" sans résistance selle haute puis basse, tout en augmentant petit à petit le temps de pédalage et la vitesse. C'est "l'aqua-planning" de la rotule qui est recherché ! En montagne, l'usage des bâtons de randonnée est vivement conseillé.

INCIDENCES CLIMATIQUES

Les gelures, c'est quoi ?

Les gelures sont une pathologie de l'exercice en ambiance thermique froide. C'est la pathologie liée à l'environnement climatique la plus répandue. Cette lésion touche les mains ou les pieds lors de l'exposition des extrémités à une température inférieure à 0°C. La douleur est toujours présente, souvent accompagnée d'une sensation d'engourdissement des doigts.

La conduite à tenir

Le traitement est avant tout préventif par le port de gants et de sous-gants en soie, de chaussures isolantes n'entraînant pas de strictions. Une bonne hydratation ; une adaptation au froid par immersions répétées en eau très froide, 3 fois par jour, durant 15 jours, est recommandée avant l'exposition au froid.

Prévention

Il existe quatre facteurs qui favorisent l'apparition de gelures :

- **l'humidité qui multiplie par 14 l'action du froid ;**
- **le vent qui multiplie par 10 l'action du froid ;**
- **l'altitude avec l'hypoxie (acclimatation à l'altitude) ;**
- **l'épuisement physique.**

En cas de gelure des pieds, il est recommandé de ne pas se déchausser durant l'effort (même si la compression liée à l'œdème est importante), mais d'attendre un lieu propice pour effectuer les mesures de réchauffement (bain dans de l'eau à 36° pendant 20 minutes). Un avis médical est obligatoire. "Se déchausser lorsqu'on a les pieds gelés, c'est être infirme jusqu'à la guérison".

Le Coup de Chaleur d'Exercice (CCE), c'est quoi ?

C'est une élévation extrême de la température centrale lors d'un exercice musculaire intense et prolongé dans une ambiance climatique chaude. Nous le retrouvons chez le combattant préférentiellement dans des activités de marche (marche commando 8 km avec charge) de course à pied, marathon, triathlon (ironman) ou en zone de confinement (combinaison étanche).

La conduite à tenir

Il existe des signes avant-coureurs qu'il ne faut pas négliger : une céphalée (maux de tête violents), une grande fatigue soudaine, des sensations de vertige, une démarche ébrieuse, des crampes musculaires, une sensation de soif, des vomissements. À ce stade, l'arrêt immédiat de l'activité sportive ainsi que le refroidissement à l'eau froide par aspersion et la création d'un courant d'air évitent l'évolution vers une forme grave avec troubles de la conscience, troubles neurologiques, troubles musculaires pouvant aller jusqu'à la mort. La prévention passe par l'adéquation de l'effort à l'environnement. Le vêtement est adapté à la pratique sportive et doit favoriser l'évaporation de la transpiration. Un vêtement non respirant est contre-indiqué.

INCIDENCES BAROMÉTRIQUES

Le mal aigu des montagnes (MAM), c'est quoi ?

C'est une pathologie d'altitude qui présente des signes évocateurs : maux de tête, essoufflement, fatigue, vomissements, une léthargie, une difficulté à l'endormissement. À ce stade, il convient d'acclimater le corps à l'altitude en stoppant la progression et en redescendant au palier précédent.

La conduite à tenir

Le repos et la détente sont recommandés. Dans la mesure où le temps de pause n'est pas respecté à une altitude négative, le MAM peut se transformer en œdème pulmonaire de haute altitude (OPHA) associant essoufflement, asphyxie et somnolence, avec un risque de décès important.

INCIDENCES THERMIQUES ET MÉCANIQUES

Une brûlure, c'est quoi ?

Une brûlure est une lésion de la peau qui peut être provoquée par : une source de chaleur, une substance chimique, l'électricité ou un frottement. Dans le dernier cas, nous parlons alors d'une "dermabrasion".

La gravité de la brûlure dépend de sa localisation, de sa profondeur, de sa surface ainsi que de l'agent causal. Dans le cadre de ce paragraphe, nous aborderons la brûlure du premier degré, lorsque l'épiderme est touché : un coup de soleil dans le désert, le frottement d'un sac à dos lors d'une marche commando, une gelure lors d'une exposition au froid. Concernant les brûlures du deuxième et troisième degré, la prise en charge est obligatoirement médicale. La brûlure du premier degré entraîne une rougeur de la peau avec une sensibilité douloureuse accrue de la zone touchée. La cicatrisation s'effectue en une semaine.

La conduite à tenir

Le traitement de première intention consiste à effectuer un arrosage à distance de la zone à l'eau froide (15°) pendant 20 minutes afin de refroidir les couches superficielles et profondes de la peau. Ne jamais percer une cloque remplie de liquide. Appliquer une crème hydratante type vaseline ou tulle gras en recouvrant la zone brûlée d'une compresse stérile. Si la brûlure gonfle et devient à nouveau douloureuse dans les 24 heures, il est impératif de consulter un médecin.

INCIDENCES VISUELLES

La fatigue visuelle, c'est quoi ?

La fatigue visuelle concerne de plus en plus de combattants qui sollicitent leurs yeux sur le terrain et à l'entraînement. Il existe des manifestations de fatigue oculaire (les yeux rouges, sensations de piqûre ou de brûlure, pouvant aller jusqu'au larmoiement), des difficultés d'accommodation en forçant la vue pour voir net, une vision floue après l'effort, des maux de tête localisés au niveau des tempes. Tous ces signes sont majorés en fin de journée dans un contexte de fatigue.

Les causes sont diverses : une correction optique mal adaptée, des lunettes mal ajustées, un trouble visuel non détecté, une mauvaise installation du poste de travail, un travail en vision forcée, la nuit, sous jumelles infrarouges ou, de jour, en cache d'observation.

La conduite à tenir

Le traitement est avant tout préventif. Une consultation chez un spécialiste dès les premiers signes s'impose, ainsi qu'un réglage optimum des lunettes de combat, une parfaite hygiène oculaire en particulier sur des terrains désertiques et ventés. Le traitement curatif de rééducation orthoptique est conseillé pour améliorer la convergence par un travail des muscles oculomoteurs pour toutes les activités devant un écran.

FORCES DE CONTENTIONS RAPIDES

Les **contentions** sont préconisées pour assurer une mise au repos de l'articulation dans un but proprioceptif ou lors de la reprise d'une activité sportive. La diminution de l'amplitude du mouvement induite, entraîne une minoration des contraintes exercées sur l'articulation.

Nous préconisons trois types de contentions :

- **la contention souple ou** "strapping". C'est une technique de contention qui a pour but de maintenir quelques heures (3 à 4 heures) une articulation chez le combattant devant reprendre une activité physique de terrain. *Elastoplaste ® mécaniquement souple, strappal ® mécaniquement rigide ;*
- **la contention rigide.** C'est une technique de contention qui a pour objectif de maintenir une articulation en limitant totalement le mouvement sur un temps relativement court, afin de rejoindre une zone de repli en urgence ;
- **la contention tactique.** C'est une technique de contention qui a pour fonction d'effectuer un rappel musculaire proprioceptif afin de renseigner le combattant sur une gestuelle ou une posture potentiellement dangereuse.

Installation strapping

LA CONTENTION SOUPLE OU "STRAPPING"

Entorse de cheville (ligament latéral externe, LLE)

Matériel utilisé :

- une boîte de 8 cm d'élastoplaste ® ;
- une boîte de 6 cm d'élastoplaste ® ;
- une boîte de 4 cm de strappal ® ;
- une paire de ciseaux.

1 Mise en place des embases tibiales et avant pied (boîte de 8 cm d'élastoplaste ®).

2 Mise en place des U horizontaux et verticaux (boîte de 6 cm d'élastoplaste ®).

Attention, maintenir la cheville en flexion dorsale (les orteils vers le nez), le combattant est en position allongée.

3 Renforcement des U verticaux et horizontaux par des bandes de strappal ®.

4 Limitation du tiroir antéropostérieur de l'articulation de la cheville et verrouillage du compartiment externe bande en huit.

- *Les bandes de 6 cm se positionnent sur la base de la face supérieure du gros orteil puis passent sous le calcanéum et en remontant, en avant de l'articulation de la cheville, pour se terminer en arrière du mollet, sur un mouvement en huit.*

- **Indication : limitation de l'amplitude du compartiment externe de la cheville lors d'une activité sportive.**

Premier temps

Deuxième temps

Troisième temps

Quatrième temps

TEST strapping

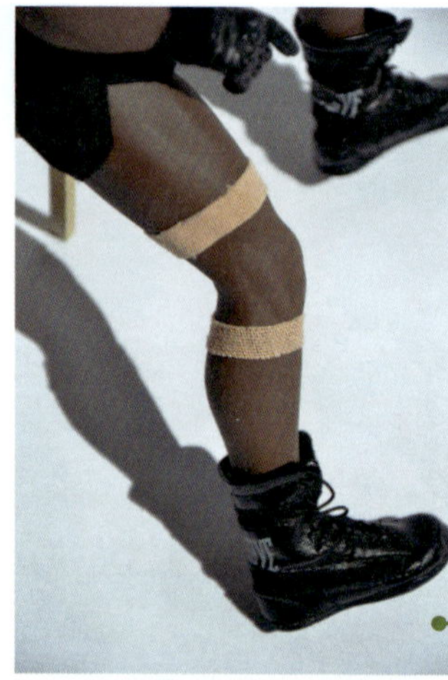

Premier temps

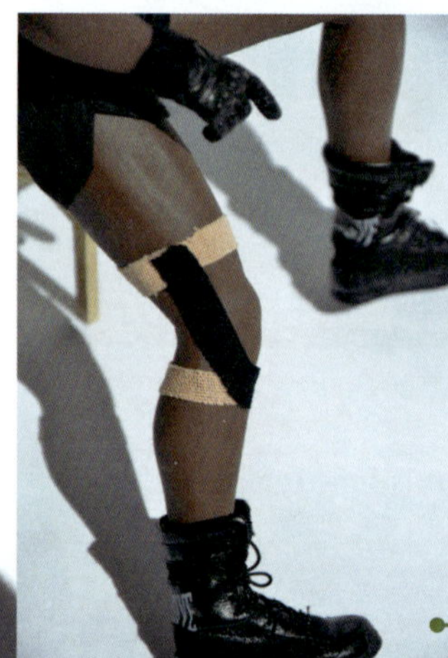

Deuxième temps

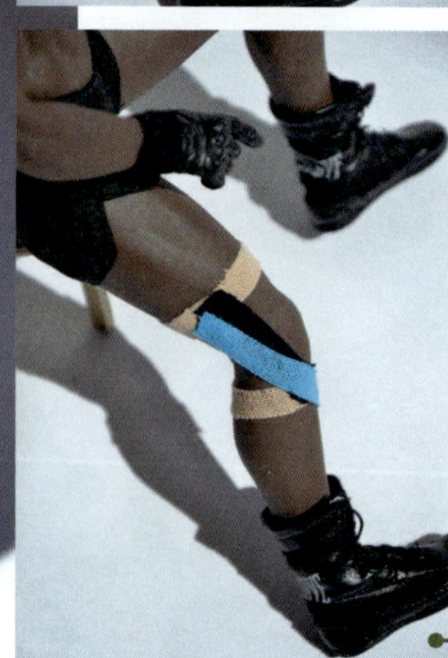

Troisième temps

LA CONTENTION "RIGIDE"
Entorse de genou (ligament latéral externe, LLE)

Matériel utilisé :

- une boîte de 8 cm d'élastoplaste ® ;
- une boîte de 6 cm d'élastoplaste ® ;
- une boîte de 4cm de strappal ® ;
- une paire de ciseaux.

1 Mise en place des embases sur le tiers inférieur de la cuisse et le tiers supérieur du mollet (boîte de 8 cm d'élastoplaste ®) couleur chair.

2 Mise en place des bandes latérales en chevron sur le trajet du LLE (boîte de 6 cm d'élastoplaste ®) couleur noire.

Attention, maintenir le genou en légère flexion de 20° en plaçant une cale sous le pied, le combattant est en position debout.

3 Renforcement des bandes latérales en chevron avec le strappal ® couleur bleue.

- *Les bandes de 4 cm de strappal ® passent en pont verticalement d'une embase à l'autre sur le compartiment externe du genou.*

Nous vous conseillons de doubler toutes les bandes pour renforcer la rigidité.

- **Indication : verrouillage du tiroir externe de l'articulation du genou lors d'une reprise du sport.**

LA CONTENTION "TACTIQUE"

Tendinite du sus-épineux

Matériel utilisé :

- une boîte de 8 cm d'élastoplaste ® ;
- une boîte de 6 cm d'élastoplaste ® ;
- une paire de ciseaux.

1 Mise en place des embases épaule et tiers supérieur du bras (boîte de 8 cm d'élastoplaste ®) couleur chair.

2 Mise en place d'un ou deux U horizontaux avec découpe médiane de la bande (boite de 6 cm d'élastoplaste ®) couleur noire.

Attention, maintenir l'épaule en élévation latérale, le bras du combattant est posé sur une table pour la mise en place.

- **Indication : rappel proprioceptif sur une épaule sollicitée.**

Premier temps

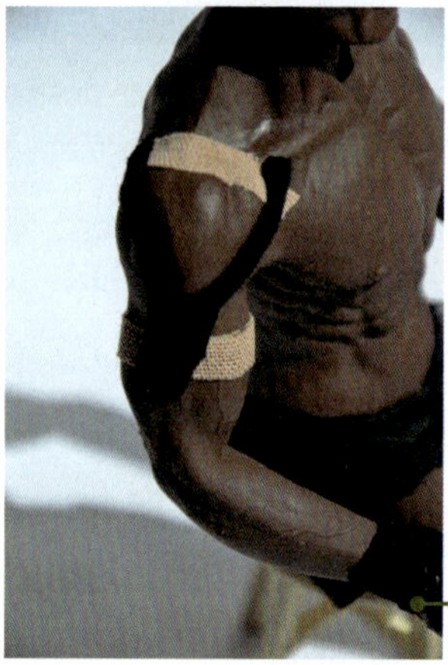

Deuxième temps

FROG OPS

Le combattant maîtrise les risques par sa capacité à se prendre en charge face à l'adversité.
Les risques sont suffisamment nombreux pour ne pas en rajouter.
Écoutez votre corps, il vous renseigne.

9

ENVIRONNEMENT

Face à la diversité des zones environnementales, le corps du sportif opérationnel est soumis à des variations métaboliques mettant en jeu des *mécanismes d'adaptation* qui interagissent sur le milieu de progression. Plusieurs questions peuvent être posées : *quels sont les réponses de l'organisme pour faire face aux changements d'environnement ? Quels sont les incidences notables sur l'entraînement et la performance ? Dans quelle mesure existe-il des ajustements physiologiques ?*

Dans le cadre de ses activités, le sportif "OPS" est confronté à une multiplicité de facteurs de *stress environnementaux* : la chaleur, le froid, l'altitude, l'immersion. Chaque type d'environnement présente une caractéristique physique particulière. Les variations de température soumettent le combattant à une exposition au chaud ou au froid donnant lieu à des mécanismes réflexes de vasodilatation et de vasoconstriction. C'est le principe de l'homéothermie : équilibre entre les gains et les pertes de chaleur. Le milieu de propagation, qu'il soit aérien (pour le chûteur) et /ou aquatique (pour le nageur), expose le combattant à des variations de pression sous la dépendance de lois physiques. La pression atmosphérique (liée à l'altitude) est égale au poids de l'ensemble des molécules d'air au-dessus du point de mesure. Plus l'altitude augmente, plus la pression diminue et inversement. La pression hydrostatique (dépendante du niveau d'immersion) est égale à la pression atmosphérique à laquelle s'ajoute la pression exercée par la colonne d'eau séparant le combattant de la surface.

Les *conditions environnementales* répondent aux lois physiques, elles ne sont pas sans conséquences pour le sportif opérationnel. Il engage son corps en zones hostiles. C'est la raison pour laquelle, il doit être à même d'intégrer en permanence l'ensemble de ces paramètres en mettant en place des comportements physiologiques adaptés aux milieux d'évolution.

THERMORÉGULATION ET ACTIVITÉ PHYSIQUE

L'homme est un homéotherme qui doit maintenir sa température centrale aux environs de 37 °C. Il a néanmoins le potentiel pour s'adapter à tous les climats.

La température du corps humain oscille entre 36° et 37,5 °C. Elle se maintient grâce à l'équilibre qui existe entre les gains et les pertes de chaleur. La production de chaleur (thermogénèse) compense la déperdition (thermolyse).

Les moyens d'échanges se font :

- par conduction (chaleur transférée à la peau, puis aux vêtements) ;
- par convection (échange d'énergie entre l'air ou l'eau et l'enveloppe cutanée) ;
- par radiation (le corps irradie de la chaleur à un taux proportionnel à l'écart existant entre sa température et celle de l'air ambiant) ;
- par évaporation.

L'activité physique intense en milieu hostile chaud ou froid augmente significativement les charges thermiques pour l'organisme.

Au froid : sous l'effet du froid, l'augmentation de la production calorique est d'autant plus importante que l'ambiance extérieure est à basse température. Il s'ensuit une **réaction de frisson destinée à assurer dans un premier temps un équilibre thermique précaire**.

Le frisson est d'abord localisé aux muscles du visage (plus particulièrement les muscles masticateurs des dents) puis il se généralise à l'ensemble du corps. Il s'agit d'une augmentation tonique des muscles, désynchronisés, sans mouvement. Cette réaction est efficace, car elle permet au métabolisme d'être multiplié par 5 avant d'aboutir à un épuisement au bout de 5 heures. Mais attention, le frisson disparaît en dormant, il en résulte une baisse significative de la température du corps, ce qui représente un danger pour le sportif engagé en milieu froid. La couverture de survie trouve tout son intérêt dans le sac à dos du combattant !

Des adaptations circulatoires existent dès l'exposition au froid. On observe une vasoconstriction cutanée qui débute souvent au niveau des pieds, des mains et du visage. D'où l'importance, en milieu froid, de surveiller régulièrement les extrémités de son binôme pour éviter les engelures. De plus, la vitesse du vent est un facteur de risque supplémentaire, car la résistance du corps soumis à des températures négatives, en présence de vent, augmente sensiblement le risque de gelures.

L'exposition régulière des mains à des températures proches de zéro voire négatives, lorsqu'elle est répétée durant l'entraînement, augmente le débit sanguin et de fait améliore la dextérité des mains en ambiance froide.

Il est important de se couvrir les extrémités, ainsi que le cou et la tête. Lorsque le cerveau diminue en température, il fait appel immédiatement au sang des extrémités afin de maintenir une température constante.

En pratique

- Maintenez une isolation suffisante.
- Coupez le vent.
- Évitez l'humidité.
- Ne buvez et ne fumez pas avant l'effort (risques de vasoconstrictions).

Au chaud : à l'inverse, sous l'effet de la chaleur, les pertes de chaleur par convection ou radiation se limitent à des températures inférieures à 28°C. Au-dessus, c'est l'évaporation par sudation qui prime.

La sudation est directement liée à l'intensité de l'activité physique. Les variations de pertes hydriques sont importantes lors d'un effort, entre 1 et 5/litres heure. Elles dépendent directement de l'humidité relative dans l'air. Chaque litre d'eau évaporé représente une perte de 580 calories. L'exercice physique en ambiance chaude est responsable d'une baisse calorique associée à une déshydratation. Un sportif "OPS" évoluant en ambiance chaude doit respecter une acclimatation progressive sous peine de soumettre son organisme à des risques d'accidents. Le

"PROTECTION"
Commando en mode camouflage

surpoids, le caractère physique de l'activité sont à prendre en compte dans une logique d'adaptation du corps à la chaleur.

Sous l'effet d'une chaleur excessive, le combattant voit sa consommation maximale d'oxygène diminuer. Le débit sanguin musculaire est réduit au profit du débit sanguin cutané, entraînant une baisse de performance. Il est nécessaire d'acclimater le corps à la chaleur durant 7 jours pour retrouver un niveau de performance satisfaisant. En revanche, lorsque l'effort est immédiat sans délai d'adaptation, le combattant dispose de quelques heures pour effectuer un effort de haute intensité sans compromettre son niveau de performance. Ceci est particulièrement utile lors d'une épreuve commando ou lors d'une *action ponctuelle* en milieu chaud ou confiné. L'acclimatation à une ambiance chaude passe par un entraînement spécifique visant à habituer l'organisme à favoriser l'évacuation de la chaleur. Le débit de sudation augmente, le délai de déclenchement de la sudation diminue. La sueur est moins concentrée en minéraux, la fatigue est retardée, le rythme cardiaque est moins élevé. **L'adaptation cardio-vasculaire est effective en 4 jours**.

Pour un sportif entraîné et acclimaté, lorsque la température du corps devient critique (40 à 41 °C), le cerveau envoie des signaux spécifiques : éblouissement, sensation de migraine. Il est impératif de stopper l'exercice.

En pratique :

- hydratez-vous le plus souvent possible ;
- réduisez la vitesse de progression ;
- effectuez des pauses régulières, si possible à l'ombre ;
- évitez de vous entraîner à l'extérieur entre 11 heures et 16 heures dans les pays chauds ;
- portez des vêtements respirants permettant l'évaporation de la transpiration.

ADAPTATIONS MILIEUX ET PERFORMANCES

L'organisme s'adapte aux changements de milieux dans la mesure où le corps est habitué à tolérer des variations de contraintes thermiques (froid, chaud) et physiques (pressions positives et négatives).

Le sportif "OPS" évoluant en milieu froid aquatique peut supporter des températures négatives sans toutefois frissonner. Il existe des facteurs d'adaptation comme la morphologie ou l'adiposité qui favorisent la résistance physique ainsi que des mécanismes de défense en réponse au froid.

Dans une eau à 26°, le combattant peut nager sans contrainte. Dans une eau à 21°, un combattant en léger surpoids peut nager plus de 6 heures. À l'inverse un combattant trop "sec", sans réserve de graisse, voit sa température centrale diminuer de 4° en 30 minutes dans les mêmes conditions. La perte de chaleur dépend de l'épaisseur de la couche de graisse sous-cutanée. Chez une population de nageurs de combat, l'on observe une variation de poids relative, directement liée au milieu d'évolution. Un taux de graisse plus élevé permet de mieux conserver la chaleur, mais peut avoir une répercussion sur l'endurance physique lors des changements de milieux.

En eau froide, la peau et l'adiposité ont une action protectrice pendant 20 minutes environ, au-delà la température du corps diminue progressivement et dangereusement.

Durant cette période, une adaptation physiologique se met en place :

- frissons pour produire de la chaleur ;
- *chair de poule* ;
- augmentation du rythme respiratoire ;
- cyanose des extrémités pour irriguer le cerveau (vigilance) ;
- crampes musculaires ;
- frissons profonds **(alerte hypovigilance)** ;
- états de torpeur (15 à 20 minutes hypothermie température du corps 33°) ;
- pertes de conscience **(évanouissement et mort)**.

La température du corps est alors de 32°.

Lors d'un exercice prolongé en milieu froid, un palmage longue distance, un déplacement en montagne, une marche d'approche, le muscle se fatigue plus rapidement. Si l'intensité de l'effort diminue sensiblement, le risque d'hypothermie est majoré.

Quand l'intensité de l'effort est maintenue dans le temps sur un mode économique (en réduisant sa vitesse de propulsion de 10 %), et en prenant le soin de se réhydrater en glucose régulièrement, toutes les demi-heures par petite quantité en augmentant son ampliation thoracique, il est possible de prolonger l'effort plus de 10 heures.

L'intérêt est de maintenir sa température centrale en activant son corps, sans toutefois puiser trop tôt dans les réserves éner-

"PROTECTION"
Nageurs de combat en mode humint

gétiques. L'on note que l'utilisation du glycogène est plus importante au froid qu'au chaud.

Le sportif "OPS" évoluant en altitude ou sous l'eau est exposé à des variations de pressions négatives ou positives qui peuvent engendrer un mécanisme d'hypoxie (baisse du taux d'oxygène dans le sang) caractérisé par une insuffisance d'apport en oxygène dans les cellules de l'organisme.

Dans l'air que vous inspirez, une baisse de la pression d'oxygène donne lieu à une diminution de la pression dans les alvéoles pulmonaires entraînant une baisse de la quantité d'oxygène (saturation) dans le sang. **La saturation en oxygène chez un homme sain est de 99 %.** L'altitude impose une adaptation du rythme cardiaque (augmentation de la fréquence). Le sang est plus visqueux. L'hypoxie induite entraîne un stress oxydatif dès 1600 mètres avec un effet majoré entre 2000 et 2500 mètres, responsable d'une libération dans le sang de radicaux libres (molécules chimiques instables néfastes pour l'organisme).

L'altitude de 1500 mètres correspond au seuil d'apparition des premiers signes d'hypoxie facteurs de stress pour la performance. À 3000 mètres, la pression d'oxygène baisse, la saturation est de 90 %. Au-delà, entre 4000 et 7000 mètres, la pression diminue encore. Le risque de somnolence, de perte de conscience est majoré et dépend de l'entraînement et de la capacité du combattant à faire face au froid, à la fatigue et à l'effort physique.

Lors d'un entraînement à 1700 mètres, pour une puissance de travail identique, le débit de ventilation pulmonaire s'accentue. L'on admet que la $\dot{V}O_2$max diminue de 10 à 20 %.

L'acclimatation permet d'adapter l'hyperventilation et de diminuer la fréquence cardiaque. **Il faut 5 semaines minimum** à **l'organisme pour optimiser la performance sportive** (10 jours pour s'acclimater, 15 jours pour s'entraîner et 15 jours pour récupérer). À cette altitude, les efforts en condition anaérobie ne sont peu ou pas modifiés, en revanche les efforts d'aérobie sont plus contraignants. Pour pallier ce type de phénomène, il est nécessaire d'allonger les temps de récupération.

Les effets ressentis sur l'organisme s'observent durant 3 à 10 jours avec une nette amélioration des capacités de traitement de l'oxygène (extraction, transport et délivrance pour le muscle, recul du seuil de fatigue) au-delà des 5 semaines. C'est la capacité de réponse au choc d'un entraînement en altitude.

Effets de l'altitude sur l'organisme

- Diminution du taux de sucre dans le sang (hypoglycémie).
- Déshydratation sévère.
- Amaigrissement (perte de masse maigre).
- Augmentation de la fréquence cardiaque et respiratoire.
- Augmentation du transit intestinal.
- Modification du rythme de sommeil.
- Diminution du taux de fer dans le sang.

Dans l'eau, en immersion, la pression peut entraîner des signes d'hypoxie souvent soudains, ils correspondent à une perte de conscience (syncope) précédées d'un léger malaise. D'où l'importance de ne jamais nager ou plonger seul.

La chaleur, la fatigue, le manque de sommeil, l'altitude sont des causes responsables d'une diminution de la tolérance à l'hypoxie. Il faut en tenir compte sur le terrain lors du conditionnement afin de préserver le sportif "OPS" et ainsi prévenir les risques de blessures.

CARBURANT ET PROTECTIONS

La nutrition prend toute son importance pour garantir les réserves énergétiques en ambiance froide. C'est pour cette raison que les trappeurs dans le Nord canadien, pour faire face à des températures négatives, s'alimentent de noix d'arachide afin de maintenir un panicule adipeux et se couvrent la tête pour éviter la déperdition de chaleur. La tolérance au froid n'est pas sans conséquences sur les performances physiques et psychiques.

Pour des températures du corps inférieures à 35°, la vigilance est moindre, à 32°, le combattant perd connaissance.

Si tu veux gagner, donne à boire à ton adversaire, disait-on ! C'est évidemment un non sens. L'hydratation est essentielle pour le combattant désirant maintenir son niveau de performance, pendant l'effort pour éviter l'apparition de la fatigue, et après l'effort pour favoriser la récupération. La déshydratation se traduit par une fatigue de l'organisme et une apparition de crampes. La réduction de la performance et l'augmentation de la température du corps sont les premières conséquences d'un manque d'eau. Une règle : il faut boire par petites quantités avant, pendant et après l'effort, sans attendre l'apparition de la soif. L'eau à température ambiante est la seule boisson indispensable.

Plus l'exercice est intense, plus la production de chaleur sera importante et plus l'hydratation sera nécessaire. Le corps produit de la chaleur durant l'exercice, ce qui témoigne d'un accroissement de la thermogenèse (production de chaleur). 75 % de l'énergie produite durant l'effort apparaît sous forme de chaleur. **Il en résulte un rendement mécanique bien faible de seulement 25 % !**

Les **vêtements tactiques** sont susceptibles de modifier voire ralentir les échanges de chaleur par leur résistance thermique et d'induire une augmentation de la dépense énergétique pour l'organisme. Le choix de la bonne tenue type **FROG** ® (Flam, Resistant, Operational, Gear) est primordial pour maintenir l'effort et résister aux contraintes environnementales en milieu extrême.

Le sportif "OPS" prépare sa tenue en fonction du type d'ambiances rencontrées.

En ambiance froide, il favorise le multicouches. Ce système offre l'avantage de régulariser la chaleur corporelle. De manière préliminaire, il est toujours nécessaire de retirer les vêtements mouillés.

- La *première couche* est en contact avec la peau. Sa fonction est d'empêcher l'humidité du corps de rester sur la peau. Elle doit être moulante et sécher rapidement. Le choix se porte sur un sous-vêtement technique "respirant ", qui permet d'évacuer au mieux la transpiration lors de l'effort physique.
- La *deuxième couche* est celle qui isole de l'extérieur en conservant la chaleur. Sa fonction est de maintenir une couche d'air épaisse autour du corps en rejetant l'humidité. La couche "thermique " est destinée à lutter efficacement contre le froid, notamment lors de phases d'observation statiques.
- La *troisième couche* ou "couche de combat" (treillis léger, résistant et renforcé sur les genoux et coudes) est en contact avec l'extérieur. Sa fonction et de se fondre dans le milieu environnemental (camouflage). Le treillis est multi-poches et permet de transporter le petit matériel de survie.
- La *quatrième couche* (goretex ®) "intempérie" protège du vent, de la pluie et de la neige.

En ambiance chaude, le port de vêtements respirants, de couleur claire, en coton, *première couche*, est recommandé, à même la peau.

Le tissu en contact avec le soleil, *deuxième couche*, doit être de couleur sombre (**noir ou bleu touareg**). Ce tissu exposé a pour fonction d'absorber la chaleur et de la refléter vers le tissu clair. L'air chaud se dilate puis se dissipe par les ouvertures. Toutes les aérations du vêtement sont ouvertes durant la phase d'effort.

Pour faire face aux climats hostiles, *l'entraînement physique*, *l'hydratation*, *l'alimentation*, *l'habillement* sont des vecteurs de performance. Le sportif opérationnel aguerri doit prendre en compte les conditions environnementales et vérifier les paramètres de sa préparation physique en fonction de la nature du milieu de progression.

FROG OPS

Le combattant maîtrise l'environnement par sa capacité à prévoir l'impossible en se préparant pour l'indispensable.

L'adaptation sous contrainte vous aguerrit.

Exploitez l'ensemble de vos ressources, votre survie en dépend.

10 NUTRITION

La performance du sportif opérationnel est multifactorielle. Parmi les facteurs d'optimisation du potentiel physique, nous avons envisagé dans les chapitres précédents : la préparation, l'entraînement, la prise en compte des risques, l'environnement, auxquels il convient d'ajouter un facteur tout aussi déterminant : *l'alimentation*.

Peu de combattants sont informés sur les effets bénéfiques de la *bonne nutrition*. La société incite plutôt aux déviances nutritionnelles, aux mauvais choix alimentaires ; alcool, tabac, coupe-faim, stimulants... Le manque de temps, les déplacements, le changement d'habitudes de vie sont propices aux carences et modifient cet équilibre précaire.

Chaque combattant doit identifier ses besoins énergétiques en hydrate de carbone (55%), en protéines (15%), en lipides (30%), en vitamines (C et b1), en minéraux, en eau pour faire face aux nombreuses contraintes physiques.

Il n'y a pas une alimentation, mais de multiples façons d'appréhender les apports nutritifs. Les besoins sont spécifiques et dépendent du type d'effort à fournir en force et/ou résistance, mais aussi sous la dépendance des conditions environnementales, thermiques et/ou physiques. De fait, l'environnement a un impact primordial sur la consommation des nutriments en mode action. La capacité de travail musculaire est en grande partie déterminée par la disponibilité des éléments énergétiques.

ÉQUILIBRE ALIMENTAIRE STRATÉGIQUE

La performance est au cœur de la problématique de l'équilibre alimentaire du sportif opérationnel. Un état de santé satisfaisant chez un sportif "OPS" ne signifie pas que dans des conditions hostiles de stress, de compétition ou de mission, celui-ci possède toutes les ressources nécessaires pour mener à bien son projet physique ou son défi sportif. Pour une grande part, ces mécanismes sont sous la dépendance directe des habitudes alimentaires. Bien que le muscle soit capable d'utiliser tout type de carburant, l'approvisionnement en glucose est déterminant pour l'effort intense. La fatigue est généralement la conséquence d'un épuisement des stocks de glucose dans l'organisme.

La stratégie alimentaire consiste à fournir au corps l'énergie nécessaire pour maintenir un état de forme, assurer une mise en condition physique et psychique, optimiser les apports liés à la spécificité des engagements sportifs ou professionnels.

Parmi les nombreux *agents nutritifs recommandés* pour l'effort physique, les *nutriments réguliers* (protéines, glucides, lipides, vitamines, eau...) permettent de maintenir un niveau de performance musculaire et, probablement, une stabilité des stratégies sensorielles et cognitives. Pourtant certains combattants ont recours à des *nutriments irréguliers* : *agents pharmacologiques considérés comme dangereux* pour l'organisme. Le but est de stimuler ou de développer fictivement un état de performance. La mise en garde sur l'usage de ces substances doit alerter l'intéressé sur les risques et les effets de ces nutriments sur son organisme.

AGENTS NUTRITIFS RÉGULIERS

Nos muscles sont constitués de protéines. Elles sont considérées comme une source potentielle d'énergie. Les apports protéiques sont indispensables pour l'organisme dans une logique de disponibilité des acides aminés qui rentrent en jeu dans la synthèse des protéines musculaires et favorisent la réparation tissulaire.

L'apport énergétique des protéines est quasiment nul sauf en cas de déficit des glucides et des lipides. Cependant, elles ont un rôle majeur dans la constitution et la reconstitution des muscles.

Dans le cadre d'un entraînement et plus particulièrement lors de la **phase de récupération, l'apport protéique est indispensable**. En effet, durant cette phase, le flux de resynthèse musculaire est élevé.

Les protéines stimulent la croissance du muscle. Une petite quantité de protéines (œuf, fromage, viande, lentilles...) est recommandée chez le combattant, couplée à des hydrates de carbone (sucre) à distance de l'effort, en se limitant aux aliments classiques.

En pratique, les deux sources d'énergie prépondérantes au cours de l'activité de combat sont les hydrates de carbone ou glucides (pomme de terre, pâtes, riz, pain : glucides lents ; jus de fruit, miel, fruits : glucides rapides) et les lipides (fromage, beurre, lait). La resynthèse de molécules

"PROTECTION"
OPS en phase
de réhydratation

d'ATP nécessaire à la contraction musculaire provient de l'oxydation du glucose et des acides gras. Les réserves de glucose sous forme de glycogène sont très limitées, environ 8 microjoules, si l'on compare aux 400 microjoules pour les lipides. L'organisme est sous la dépendance de la disponibilité en glucose. C'est un facteur limitant de l'effort. D'où l'intérêt pour le combattant d'avoir recours à un régime riche en glucides lents (riz blanc et pâtes) les jours précédant la phase de choc.

Le sportif opérationnel dispose d'une réserve en sucre qui avoisine les 2500 kilocalories. Ceci permet de maintenir un taux stable en glucose dans le sang durant 8 heures en période de repos. Lors d'une activité intense, ce taux peut être consommé par l'organisme en deux heures ! En phase de combat, il est recommandé d'effectuer un apport glucidique combiné à l'eau au-delà d'une heure d'exercice. Le sportif "OPS" aura besoin de sucre rapide pour un effort immédiat et de sucre lent pour un effort longue distance. **Le corps consomme 3**

grammes de glycogène par minute pour une réserve totale de 400 grammes ! L'effort est donc limité dans le temps si le combattant ne recharge pas régulièrement ses réserves. De plus, **face à un stress**, l'on observe une **diminution des réserves en glycogène** sous l'effet de l'adrénaline. Il est possible de s'en prémunir par un apport glucidique rapide sous la forme de miel, par exemple.

Dans ces conditions, il est essentiel de maintenir un niveau constant de glycogène dans le sang (8 g/jour/kg) avec un apport sous forme de barres de céréales à distance de **l'effort** (entre 2 et 6 heures) et, **30 minutes** après l'effort, un soda à base de *lécithine de soja*, de *petit lait* (L caséine) et *d'arginine*, dans le but de favoriser la récupération musculaire durant la *fenêtre métabolique*. La prise journalière de *l'enzyme Q 10* associé à du *curcuma* (plante herbacée du sud de l'Asie) ainsi que la *pipérine* (molécule du poivre potentialisant les effets du curcuma) le matin dans du jus *d'orange pressée*, améliore sensiblement la *régénération des tissus sur le long terme* avec une action anti-inflammatoire et anti-tendinite.

Les besoins en glucides augmentent sous l'effet du froid, de l'immersion et de l'altitude. L'absorption de sucre rapide en amont d'un effort, donne lieu à une diminution de la vigilance 30 minutes après son ingestion. Elle peut être responsable d'une hypoglycémie secondaire. Le sportif opérationnel doit en tenir compte dans la programmation de ses activités et particulièrement lors d'une action offensive, type assaut.

Les graisses sont nécessaires pour l'organisme, car elles sont une réserve d'énergie sans limite. Elles présentent un rendement physiologique moindre. Lorsque l'effort dépasse les 20 minutes, le combattant puise dans ses graisses. L'énergie provient alors des lipides à 85 %.

L'organisme du combattant a besoin en permanence des trois agents réguliers que sont les protéines, les lipides et les glucides. Une carence de l'un de ces nutriments peut entraîner une baisse de la performance physique immédiatement ou à distance.

Au cours des repas, il est toujours favorable de privilégier l'huile d'olive au beurre, ainsi que le poisson à la viande. Nous vous conseillons de prendre une cuillérée par jour d'un mélange d'huile d'olive, d'huile de pépin de raisin et d'huile de noix dans

le but de protéger les membranes cellulaires particulièrement exposées pour les activités de combat nécessitant un effort sous contraintes répétées. Le combattant doit se munir de barres de céréales lors d'un effort intense et penser à maintenir ses besoins en eau toutes les 20 minutes. Il doit surtout prendre l'habitude d'effectuer un petit déjeuner complet avant le combat pour se prémunir des *coups de pompe* durant l'effort.

Un apport essentiellement glucidique est favorable à la performance physique mais peut entraîner une baisse de la vigilance. Un apport privilégiant les protéines est favorable à la performance psychomotrice chez le combattant fatigué, mais risque d'engendrer une prise de poids sur le long terme.

Les besoins nutritionnels varient en fonction de l'activité. La ration calorique de base est en moyenne de 3250 calories par jour chez l'homme sportif et 2200 calories chez la femme. **Chez un plongeur d'arme en mode action, la dépense calorique peut avoisiner les 4600 à 5000 calories /J.**

DIÉTÉTIQUE ANTI-TENDINITES

Le sportif opérationnel est, de par ses activités nombreuses et répétitives, candidat aux tendinites. Si l'on admet qu'il existe une corrélation entre le déséquilibre hydrique et la survenue d'une tendinite, il s'avère qu'une alimentation plutôt *alcalinisante,* en diminuant les apports en acide urique, puisse prévenir les phénomènes de tendinite.

À éviter	À privilégier
▸ viandes : porc, abats, viande rouge, gibiers, ▸ charcuteries : saucisson, pâté, jambon fumé, lard, ▸ poissons : saumon ou truite fumés, crustacés, ▸ graisse : beurre, olives, noix, amandes, ▸ légumes : champignons, épinards, tomates, ▸ sucres : chocolat, pain blanc, ▸ fromages : gruyère, roquefort, ▸ boissons : bière, vin, alcool fort, thé.	▸ viandes : poissons frais, œufs, viande blanche, poulet, ▸ légumes : pommes de terre, riz, choux, carottes, pâtes, salade, ▸ graisse : huile de tournesol, ▸ fruits : pommes, bananes, raisin, abricots, mangue, ▸ sucres : miel, confiture, pain complet, ▸ lait : lait demi-écrémé, fromage pâte dure, yaourts non sucrés, ▸ boissons : eau, jus de citron.

AGENTS NUTRITIFS POLLUANTS

Les prises d'agents nutritifs *stimulants* (alcool, amphétamines, boissons énergisantes), de *compléments alimentaires* (anabolisants), de *coupe-faim* (tabac) sont répandues dans le monde combattant, bien souvent pour répondre à un stress ou satisfaire son ego. Les motivations sous-tendues sont la recherche de la performance au combat.

L'analyse des comportements montre qu'il n'en est rien. Ces substances ne sont pas dénuées *d'effets secondaires* et sont souvent dangereuses pour l'organisme.

Prenons l'exemple d'un jeune sportif opérationnel intégrant les forces spéciales avec un rapport poids/puissance très favorable pour combattre. La prise répétée de créatine a modifié rapidement sa morphologie avec une augmentation importante de sa masse musculaire en trois mois. Dans le même temps, ses performances sportives déclinent. Il n'est plus capable de grimper rapidement à une corde ou de courir longtemps en côte. Pourtant, cette substance ne présente pas de danger à très faible dose. *Mais pourquoi multiplier la dose par 5 au bout de quelques semaines* ? Certainement, le goût du risque…

Les stimulants

Les stimulants sont des substances dérivées des catécholamines, adrénaline et noradrénaline. Ce sont les amphétamines. Stimulants du système nerveux, elles sont utilisées, sous contrôle médical, dans certaines unités spéciales. Les effets recherchés sont la stimulation de la vigilance, l'augmentation des performances psychomotrices, l'amélioration des capacités d'apprentissage, la diminution de la sensation de fatigue. Il existe des risques cardiaques non négligeables ainsi que des effets indésirables et toxiques : tachycardie, palpitation, anxiété, hémorragies méningées ou cérébrales. Elles peuvent dans certains cas, entraîner la mort par arythmie et/ou hyperthermie. Dans un cadre sportif, il n'existe aucun effet positif en termes de force, de réaction, de coordination sur la performance. De plus, ce produit altère le jugement, le néocortex du combattant est, de fait, hors contrôle.

Les anabolisants

Les anabolisants sont des produits qui entraînent des modifications morphologiques lors d'un usage régulier chez le sportif. Comme les amphétamines, les anabolisants sont des produits dopants. Ces substances peuvent être utilisées chez le combattant pour développer la force par l'augmentation de la masse musculaire. Les utilisateurs associent souvent la prise d'anabolisants à des suppléments énergétiques riches en protéines. Les études montrent que s'il existe des changements morphologiques rapides, la prise de force n'est pas pour autant améliorée. En revanche, les effets secondaires sont nombreux et préjudiciables sur les cellules du foie, notamment, ainsi que sur les reins. De plus, l'inhibition de la testostérone est un risque d'infertilité chez l'homme.

L'alcool

L'alcool nuit à la performance. Dans un cadre sportif, il est parfois utilisé comme facteur de réduction de la nervosité en améliorant potentiellement la confiance en soi. Au demeurant ce sursaut d'entrain fait vite place à une diminution du tonus et, à long terme, à une fatigue incompatible avec la logique "d'état de veille" du combattant. Les addictions à l'alcool ayant débuté avant 20 ans sont souvent les plus graves. D'où l'importance de débuter un sport jeune pour occuper les temps d'inaction propices à l'alcoolisation. L'alcool n'est pas un "antistress", il peut induire une agressivité négative, néfaste en situation de combat.

Les boissons énergisantes

Les boissons énergisantes sont un succès commercial et un échec pour la santé ! Ces boissons sont très riches en sucres. Elles ne contiennent pas de sodium, ce qui entraîne un phénomène de rebond d'hydratation. Elles sont constituées de dérivés de caféine censés retarder le seuil de la fatigue. Elles entraînent une hyperexcitabilité cardio-vasculaire. Par ailleurs, elles contiennent de la taurine ou de l'acide aminé soufré qui présentent une incidence toxique non négligeable sur la thyroïde. Il n'y a aucune amélioration de la performance physique ou psychique. *Le combattant novice est une cible marketing de choix, ne tombez pas dans ce piège* !

Le tabac

Le tabac réduit la forme physique et affecte les performances en diminuant la croissance des poumons, tout en créant une réduction de la capacité pulmonaire et du volume courant, incompatible avec l'effort. De plus, cela favorise la vasoconstriction en ambiance froide.

À la lecture des chapitres précédents, le sportif opérationnel est un athlète affûté maîtrisant sa prise de poids pour répondre aux activités choc en optimisant ses apports nutritifs pour se protéger, résister et se déplacer.

Il n'y a aucune place pour les déviances et autres "mirages" d'optimisation de la performance : juste la confiance en soi.

Par respect pour son corps, le sportif opérationnel **décline la proposition d'un** état **possible de mieux-être, pour un état d'être.**

BESOINS HYDRIQUES, VITAMINES ET SELS MINÉRAUX

Les besoins hydriques sont directement liés à l'activité, au climat et à l'altitude. La perte d'eau en milieu très chaud peut créer un besoin de 15 litres d'eau par 24 heures. En milieu tempéré, la perte d'eau chez le sportif est en moyenne de 2 litres par 24 heures. En altitude, il s'opère une véritable déshydratation qu'il est nécessaire de compenser avant, pendant et après l'entraînement. Bien souvent le sportif "OPS" ne s'hydrate pas assez ou trop tardivement. La sensation de soif survient généralement lorsque vous êtes déjà déshydraté. D'où l'importance de s'obliger à boire avant, pendant et après l'effort.

L'on constate que 2 % de perte hydrique diminuent significativement le rendement musculaire de 10 à **20 %.**

Lors de l'exercice physique, la perte d'eau sous forme de sueur doit être compensée par l'hydratation. Dans la phase de préparation avant l'effort, l'ingestion de petites quantités d'eau est recommandée. Durant la phase d'effort, il est nécessaire de boire en moyenne toutes les 30 minutes. La boisson peut contenir des glucides (sucrose, maltose) dilués : 70 grammes/litre en climat tempéré, 30 grammes/litre en climat chaud. Après l'effort, une boisson à base de glucides et de protides est vivement conseillée.

En outre, le degré d'humidité est un facteur important à prendre en compte pour les besoins hydriques. En effet, des index existent sur le terrain pour mesurer le taux d'humidité et le risque de coup de chaleur pendant l'exercice. C'est le *Wet bulb globe Temperature* ou WBGT.

L'on estime que si le WBGT dépasse les 29°, l'effort est considéré comme pénible : au-delà de 33°, l'effort est dangereux, il peut induire un coup de chaleur d'exercice (CCE).

Les besoins spécifiques en vitamines

La **vitamine C** est la vitamine de **l'action**. Elle n'est pas synthétisée par l'organisme. Elle provient des fruits et légumes frais en majeure partie. En opération, du fait de la quantité importante de fruits nécessaire pour apporter la dose minimale de vitamine C durant l'effort, il est conseillé de prendre 1 g de vitamine C type *acerola* (en excluant les vitamines de synthèse) par jour le matin en deux prises sous forme de comprimés. En effet, lors d'un effort intense, le combattant consomme deux fois plus de vitamine C. De plus, il semble que la vitamine C ait un rôle secondaire dans la récupération immédiate après l'effort en activant l'élimination de l'acide lactique. En outre, un surdosage est automatiquement évacué par l'organisme.

La **vitamine B1 et la vitamine E** sont les vitamines de la **récupération**. Nous les trouvons essentiellement dans le riz complet et les huîtres. Elles favorisent les réflexes, le tonus, la concentration et diminuent la sensation de fatigue.

La **vitamine A** est responsable de la croissance des os.

La **vitamine K** protège les vaisseaux de la calcification.

La **vitamine D** intervient dans l'absorption du calcium et du phosphore (robustesse du corps).

Les besoins spécifiques en minéraux

Le **fluor et le calcium** contribuent à consolider les os.

Le **cuivre** intervient dans la formation des globules rouges.

Le **magnésium** est primordial pour le bon fonctionnement des muscles.

Le **fer** est un élément structural de l'hémoglobine. Il a un rôle majeur en altitude, car il favorise la synthèse de l'hémoglobine. De fait il est impératif d'augmenter les apports en fer (fer *héminique* : poissons, fruits de mer, abats, et fer *non héminique* : petits pois, germes de soja) avant et durant un séjour en altitude.

Nous vous conseillons avant la période d'hiver d'effectuer une cure d'oligoéléments, cuivre/or/argent ainsi que du magnésium, pour stimuler votre organisme, renforcer votre immunité et vous préparer à l'effort intense.

RATIONS DE COMBAT

La ration de combat est conçue pour permettre au combattant une autonomie alimentaire de un à trois jours. Elle présente l'avantage de varier les plats, de minimiser le stockage, de faciliter le transport et d'assurer une prise énergétique durant l'effort. Parmi les rations alimentaires opérationnelles, nous trouvons les rations de survie air, le repas individuel d'exercice, la ration individuelle lyophilisée commando, le module alimentaire de survie, l'unité alimentaire de secours, enfin la ration de combat individuelle et réchauffable.

Elles sont conditionnées dans des boîtes métalliques ou en aluminium, elles peuvent être étanches à l'eau, elles sont adaptées au paquetage du combattant. Dans le milieu des *sportifs engagés*, il existe des compléments nutritifs inspirés des rations de combat militaires dont l'objectif est de permettre au sportif de tenir un effort de haute intensité, lors d'une préparation à une situation de survie, une traversée à la nage, à la rame ou à pied ! Au demeurant, il n'y a pas meilleurs compléments alimentaires que les produits naturels et frais.

REPAS "OPS"

Le repas "OPS" fait partie intégrante de la préparation physique opérationnelle. À l'image du sportif "OPS", il est rustique, mais "goûteux". Un seul impératif, éviter l'indigestion avant et pendant l'action ! En conséquence, soyez certain de la traçabilité de vos aliments. Évitez la nourriture périmée et vérifiez les dates de péremption !

La veille de l'effort intense : 150 g de glucides lents (pâtes, pommes de terre...) accompagnés de viande blanche (poulet) ou poisson ainsi que d'un yaourt au fruit industriel respectant la chaîne du froid. Il convient d'éviter les légumes, fruits frais ou secs. À une heure de l'effort, une portion de fromage industriel, une tranche de jambon, du pain, une pâte de fruit ou du chocolat. Un verre de jus de fruit.

Durant l'effort intense : toutes les deux heures du pain, du jambon, du fromage et une barre énergétique aux céréales. L'apport en liquide (eau) est régulier par petites quantités toutes les 20 minutes.

Immédiatement après l'effort intense : une collation à base de glucides (jus de fruit pressé) accompagnée de protéines (fromage, tranche de viande).

Une règle d'hygiène absolue s'impose sur le terrain, avant, pendant et après un repas : **ne jamais serrer la main de son voisin, politesse oblige !** Vous éliminez ainsi tout risque de contaminations manuelles préjudiciables au combat, pour vous et votre groupe.

À distance de la mission, un vrai repas de cohésion est un excellent moyen de "débriefing" !

FROG OPS

L'alimentation est une stratégie gagnante pour le combattant.

Maîtrisez la composition des nutriments que vous absorbez.

Une alimentation régulière sur le terrain en petites quantités est un antistress et un antifatigue.

11
SURVIE

Souvent associée à l'image de l'aventurier parcourant le monde, affrontant avec courage et détermination les éléments hostiles ! ***La survie s'observe le plus souvent en bas de chez soi pour celui qui*** **décide d'ouvrir la porte.**

Le sportif opérationnel est amené à réagir instinctivement par voie réflexe face à toutes sollicitations. En situation de survie, de sauvetage au combat ou d'extrêmes tensions, le cerveau limbique agit comme "effecteur". Il commande l'intensité et le type de réaction appropriée. Le but recherché est de préserver son intégrité.

La survie se prépare en amont par la capacité constructive, le sens de l'observation, la rigueur physique et, en aval, par la prise en compte des risques physiques ainsi que la "plasticité" psychique ; capacité de remise en cause d'un individu effectuant systématiquement le bon choix stratégique au bon moment (système de rétrocontrôle de l'expérience, RETEX).

Trop souvent la confiance en soi, la toute puissance de son désir, "l'aspect technique" prend le dessus sur "l'aspect physique". En effet, pour certains sportifs sans limite, l'engagement physique à travers la prise de risques inconsidérés est assimilé à une ***défaillance personnelle*** **incompatible avec la survie.**

L'état de survie vous renseigne sur votre potentiel à résister au pire. Avant d'imaginer "l'action extraordinaire" pour survivre, êtes-vous physiquement en mesure d'appréhender "l'effort ordinaire" pour vivre !

EFFORT ORDINAIRE DE VIE

Comment préparer le sportif opérationnel à faire face à un changement de vie brutal, un traumatisme, un environnement dangereux et à s'en sortir sans dommage ?

C'est sur cette notion **d'effort ordinaire** qu'il convient de s'attarder. Combien d'individus qui se disent être des sportifs, se retrouvent complètement inadaptés dans un contexte qu'ils ne maîtrisent pas. À l'inverse, dans une société où la pratique des sports extrêmes est une façon d'exister de par l'appartenance à une élite, ces sportifs prennent des risques majeurs en repoussant les limites du stress pour "libérer" l'adrénaline, parfois en y laissant leur vie, ultime liberté.

La recherche du dépassement de soi, la pression du groupe, le défi permanent dont la finalité est uniquement l'expérience de l'exploit, sont assimilés à des conduites à risques frôlant avec l'addiction. Entre le risque calculé, analysé, conscient et le risque inconsidéré, provoqué, sans limite, le choix d'un engagement physique opérationnel est la transformation de sensations de stress ou d'angoisses en sensations d'**agissement sous contrôle.** La polyvalence physique à travers la recherche de son unicité est un élément de réponse, mais il convient d'élargir le cercle des facteurs responsables de l'engagement humain.

Suis-je physiquement opérationnel pour répondre efficacement à une situation d'imprévu ? C'est en effet une question que tout sportif "OPS" doit se poser avant de partir sur le terrain. Un mal de dos, une migraine, une douleur musculaire sont considérés comme des incapacitants de l'effort sur le long terme. Certes, la résistance physique et psychique propre à chacun permet de reculer la phase d'abandon ; elle est pourtant inexorable dans le temps.

L'engagement physique implique une bonne connaissance de son corps et de son potentiel d'action. Une pathologie latente, sans conséquence au quotidien, peut s'avérer déterminante et pénalisante en situation de stress physique.

En outre, l'effort n'est pas toujours celui auquel nous nous sommes préparés en première intention. Demander à un judoka de défendre une personne agressée dans la rue est une évidence. Mais plonger dans l'eau froide pour sauver un individu d'une noyade n'est peut-être pas dans son domaine d'action. C'est pourquoi le sportif "OPS" dans un univers de survie, doit être un **touche-à-tout pragmatique** et apprécier la **polyvalence sportive décousue**.

L'entretien physique permanent et sans excès est un pré-requis obligatoire pour qui désire entreprendre une activité à risques.

À la lumière des chapitres précédents, en situation de survie, il est possible d'envisager deux types d'efforts ordinaires ou "postures de survie" : **l'effort immédiat et l'effort longue distance.**

EFFORT IMMÉDIAT DE SURVIE

L'effort immédiat correspond à une action réflexe dans le but de préserver dans l'instant son intégrité physique et parfois sa vie.

Lorsque vous vous brûlez avec une source de chaleur : une poêle, un fer à souder... votre première réaction est de vous éloigner rapidement de la source, puis de frotter activement la zone douloureuse. À travers cet exemple, le **choc** correspond à la brûlure. Par un phénomène réflexe, vous cherchez à vous **protéger** en prenant de la distance puis vous **mobilisez** la peau en activant les récepteurs de la douleur afin de les saturer et ainsi diminuer le seuil douloureux.

Ce type de mouvement immédiat est purement réflexe. Inférieur à 30 secondes il utilise les fibres musculaires rapides et la filière anaérobie alactique.

Maintenant imaginons une situation exceptionnelle où votre véhicule tombe dans une rivière. Vous devez gérer alors plusieurs paramètres. Votre aptitude à maintenir un temps d'apnée suffisamment long pour vous dégager sans vous noyer, votre capacité à ouvrir la porte ou casser la vitre, votre qualité de nageur (aquaticité) pour remonter à la surface. C'est un exercice de survie couramment employé dans le cursus des pilotes de chasse, pour s'extraire d'une cabine de vol en milieu immergé. Le **choc** correspond à l'impact physique et psychique de votre projection dans un milieu dangereux sans y être préparé. La **protection** est directement liée à votre capacité a tenir l'apnée (temps d'immersion) et votre aptitude à briser la vitre pour vous extraire. L'action de nager correspond à **l'activité mobilisatrice** déterminante pour survivre.

Ce type d'effort immédiat supérieur à 30 secondes et inférieur à 2 minutes utilise les fibres musculaires rapides. La filière anaérobie lactique intervient par dégradation du glycogène. Le processus d'usage de la force vitesse et explosive est systématiquement engagé. Le psychisme en tant qu'activité mobilisatrice est requis lors de l'extraction.

EFFORT LONGUE DISTANCE DE SURVIE

L'effort longue distance est une action qui dure dans le temps. Elle se déroule dans un contexte hostile. L'objectif pour l' "OPS" est d'épargner ses forces et de préserver sa vie sur le long terme.

La complexité de ce type d'effort repose sur la capacité de l'individu à prendre la bonne décision au bon moment, en s'adaptant à l'événement, tout en maintenant sa détermination et sa concentration.

Faut-il bouger, nager, marcher durant des heures pour trouver une issue de secours ou rester sur place pour s'économiser physiquement et compter sur sa résilience et sur la chance ?

Les exemples sont nombreux : des spéléologues au fond d'une grotte, des alpinistes perdus en montagne, un accident de la route en rase campagne. La notion de **choc** est présente et répond aux phénomènes d'impact précédents. La **protection** revêt deux aspects : la résilience, point d'ancrage psychique de la survie, l'économie musculaire qui fait intervenir le processus fatigue et de récupération.

Ce type d'effort longue-distance utilise de préférence les fibres musculaires lentes. La filière aérobie est activée. Le processus d'usage de l'endurance de force est engagé. La marche, la course, la nage ou tout autre mode de déplacements physiques assimilés à des **activités mobilisatrices** sont nécessaires à la survie. Le psychisme reste le moteur de la persévérance.

SURVIE PSYCHIQUE

Ces deux situations d'intensité très différentes mettent en évidence que les capacités physiques **immédiates** et **longues distances** sont essentielles à la survie. La capacité psychique (résilience) intervient également : soit comme facteur de dépassement de soi en puisant dans les réserves énergétiques pour contrer l'agression et rebondir ou, à l'inverse, en inhibant les capacités musculaires de l'individu par la sidération du corps : c'est alors l'abandon et l'échec !

Une attitude de panique est d'emblée néfaste à la survie. Il en est de même pour toutes formes d'agressions physiques : un incendie, un accident de la route ou une noyade. Que l'effort soit *immédiat* ou *longue distance*, le sportif opérationnel doit préserver sa capacité de lucidité et de réaction (zone de confiance) tout en économisant son énergie.

Cette notion de **zone de confiance** est primordiale en situation de survie. Elle est propice à l'action. L'expérience montre que le sportif opérationnel audacieux non résigné, entraîné et aguerri, ayant préalablement envisagé les risques physiques et psychiques, augmente sensiblement ses chances de se maintenir en vie dans des conditions dégradées.

STRATÉGIES POSTURALES DE SURVIE

La *posture de survie* est une attitude de **protection face au choc**. Combien d'hommes et de femmes d'action ont été sauvés par leur courage, leur anticipation, mais surtout par leur capacité à résister physiquement en adoptant le bon geste et la bonne posture en situation de survie.

Les stratégies posturales de survie peuvent être déclinées en mouvements de préhension, de percussion, de gainage, de protection ou d'esquive.

En outre, l'appareil musculaire utilise **des séquences gestuelles ciblées en captage ou en éloignement.**

Intéressons-nous à ces stratégies qu'il convient d'intégrer dans une gestuelle plus élaborée dans le cadre d'un entraînement.

Chaîne de captage : chaîne de prise ou d'attaque offensive

1 La préhension

L'action de prendre, tenir, est une stratégie gestuelle coordonnée par la main de force, véritable système de défense et de survie.

La main est un organe permettant de détecter, choisir, contrôler, saisir un objet ou un corps.

L'on distingue classiquement deux types de préhension : **la main de force** (main primitive) ou main externe qui vous permet de tourner une vanne, d'ouvrir une porte, d'agripper un individu ou de vous suspendre à une barre.

La main interne ou **main de finesse** qui autorise le travail en précision ou en pince et vous permet de positionner deux doigts dans les yeux d'un agresseur en situation de self défense (pique de mains) ou d'effectuer un bruit de claquement des doigts pour vous faire entendre.

La main de force est, par excellence, la main de survie. Nous pouvons la "renforcer" à l'aide d'un appareil de musculation des doigts et de l'avant-bras, type "musclé", ou dans le cadre d'une gestuelle plus élaborée par l'intermédiaire de chaînes musculaires en protection ou en percussion sur un mouvement de combat (chaînes de captage concentrique ou excentrique).

Lors d'une chute dans le vide, la main externe doit vous permettre de maintenir votre corps suspendu le plus longtemps possible au bout d'une ligne de vie (main du grimpeur).

Attention : qui dit "main de survie", dit "prises de vie" !

L'on distingue classiquement deux types de mains de survie ou d'attaque.

- **La main du grimpeur ou du judoka** qui utilise une prise tendue par enroulement des doigts pour agripper,

- **la main du voltigeur** ou "contrôle réciproque au niveau des poignets" qui utilise une double prise pour retenir ou se suspendre.

2 La percussion

L'action de percuter, porter un coup, est une stratégie gestuelle coordonnée par la main de force, système de défense et de survie.

La percussion fait intervenir les chaînes musculaires d'extension des membres supérieurs et inférieurs dans une composante d'attaque pour préserver son espace de vie et son intégrité. Le mode de travail est excentrique ; il s'accompagne d'un éloignement des segments osseux.

Les membres supérieurs et inférieurs font partie d'une chaîne cinétique de triple extension visant à "percuter", toucher et contraindre l'adversaire.

- **la main du karatéka** est une main tranchante à l'aide de son bord externe.
- **la main du boxeur,** poing fermé par enroulement des doigts, est une main "lourde" et "profonde" utilisée pour asséner un coup.

Ce sont de véritables mains d'attaque.

3 Le gainage

Le corps a la capacité d'absorber les contraintes, de résister au choc, de figer une situation de mouvement. Le phénomène mécanique de la poutre composite est une co-contraction des muscles agonistes-antagonistes visant à renforcer la résistance à la *charge de rupture* des leviers osseux.

L'on retrouve ces techniques chez les lutteurs, judokas, rugbymen... Elles sont basées sur des contractions isométriques qui utilisent des prises spécifiques : clefs, verrous, blocages ou étreintes visant à fixer l'adversaire au sol dans une posture dite de "fermeture" afin de le contraindre et l'empêcher de s'extraire.

Les chaînes musculaires antérieures et postérieures sont alors sollicitées dans une logique de survie pour maintenir la pression et soumettre l'adversaire.

Chaîne d'éloignement : chaîne de coordination et d'esquive défensive

1 La protection

La protection fait intervenir dans un premier temps les chaînes musculaires antérieures en flexion des membres supérieurs, du tronc et des membres inférieurs, dans une composante de préservation des fonctions vitales : tête, cœur, organes génitaux, sur un schéma réflexe en mode concentrique avec rapprochement des segments osseux sans notion de force. C'est une position d'attente propice à une stratégie de mouvement, coordonnée secondairement en ouverture ou phase de réponse à l'attaque, par l'esquive, le contre, le blocage et la projection.

La chaîne musculaire de survie du membre supérieur vise à protéger en première intention la face et le gril costal. Les membres supérieurs font partie d'une chaîne cinétique à laquelle participent l'omoplate, l'épaule et le coude. Les omoplates glissent sur le gril costal en avant, tandis que les épaules partent en flexions-antépulsions. Les coudes sont fléchis, les avant-bras en position intermédiaire, les mains semi-ouvertes. Dans le même temps, le tronc s'incline en flexion antérieure, les membres inférieurs se fléchissent en triple flexion afin de protéger les organes génitaux et diminuer le volume corporel face au danger.

C'est l'attitude fœtale en protection qui peut s'inverser, le cas échéant, en devenant une technique de soumission lors d'un étranglement au sol. Ceci correspond à l'attitude de "garde" en self défense debout ou au sol, les bras semi-croisés prêts à éviter, épargner, écarter.

▶ **La main agit aussi comme outil de protection (self défense), main semi-ouverte faisant face au danger, coude fléchi protégeant le visage ou les organes génitaux. Elle est utilisée pour repousser le danger.**

2 L'esquive

L'esquive est un mouvement d'évitement du corps répondant à une sollicitation extérieure. Elle consiste à déplacer le corps en mode réflexe pour se soustraire d'un danger. Elle est considérée comme une forme de défense dans les arts martiaux.

L'intérêt de l'esquive dans le cadre d'un conditionnement TIP est d'habituer le corps à s'adapter avec agilité, vitesse et coordination, sans pour autant puiser dans les réserves énergétiques nécessaires pour la progression. Les gestes sont répétitifs et contrôlés. Dans notre expérience, nous attachons une importance particulière au travail spécifique de l'esquive et de l'équilibre, afin de favoriser votre réactivité sur un mode instinctif, par une mise en tension des chaînes musculaires d'éloignement et de préservation.

Du captage à l'éloignement : une technique de dégagement en corps à corps

Le passage d'une position de **protection captage** à une position d'**évitement éloignement,** se concrétise par la technique de self défense "action-réaction" face à un adversaire qui vous étrangle par l'arrière.

Le mouvement consiste à s'enrouler en avant d'un bloc en se laissant tomber au sol puis, dans le même temps, à se redresser en projetant sa tête en arrière tout en soufflant, sur un mouvement d'hyperextension du rachis, afin de frapper le nez de l'agresseur. Vous concentrez alors votre force sur les chaînes musculaires antérieures en emmagasinant de l'énergie pour la restituer d'un seul coup pour vous dégager (éloignement). L'enchaînement consiste à saisir le bras de l'adversaire en rotation pour l'immobiliser (captage) et à porter une frappe sur le genou (choc) ou, plus simplement, à courir (mobilité physique) pour s'extraire et se protéger.

Les forces spéciales russes utilisent des mouvements balistiques instinctifs, d'enroulement et d'évitement debout ou au sol pour se fondre dans l'action, et ainsi échapper à un ou plusieurs agresseurs. C'est un des principes du *Systema* ® .

POSTURES DE SURVIE EN EAU FROIDE

L'homme n'est pas du tout adapté à la vie marine et subaquatique. La fatigabilité rapide liée à la densité de l'eau, au froid ambiant, à l'aspect psychologique (stress produit par ce milieu hostile) est un élément à prendre en considération lors d'une épreuve d'immersion qu'elle soit volontaire ou pas. L'eau froide, du fait de sa conductivité 25 fois supérieure à l'air, a pour conséquence de limiter le temps de survie à 3 heures pour une eau à 15°.

En pratique, l'exposition soudaine du corps à une immersion en eau froide peut entraîner un réflexe **d'hydrocution**. Le sang est chassé des membres inférieurs par un mécanisme de vasoconstriction. Le cœur ne pouvant faire face à cet apport de sang massif, le risque de syncope est maximum. Quand cela est possible, il est impératif de refroidir son corps progressivement pour laisser les mécanismes d'adaptation thermiques se mettre en place.

Pour un homme perdu en mer, la nage en eau froide est, certes, rassurante, mais elle n'est pas toujours le meilleur moyen pour survivre. Lorsque vous nagez en milieu froid, le sang irrigue les muscles moteurs des épaules et des bras. Il s'ensuit une déperdition de chaleur importante au niveau des extrémités et, lorsque le sang retourne vers les organes nobles (cœur et cerveau), l'on constate une baisse de la température corporelle. Le nageur, sous l'effet du froid et du stress, diminue l'amplitude des mouvements. Il augmente, de fait, la fréquence de ses gestes, ainsi que l'inclinaison de son corps, ce qui a tendance à le ralentir. La fatigue musculaire apparaît au bout d'une heure. Le risque de noyade est majeur.

En conséquence, seul, il est préférable d'adopter une position de protection ou **position HELP** (Heat Escape Lessening Posture). Cette position est une attitude en triple retrait ou position recroquevillée.

En groupe, la **position HUDDLE** (grappe) est préconisée, en se serrant face contre face.

Dans une eau à 10°, sans repère visuel, vous augmentez vos chances de survie de 50 % si vous adoptez une *attitude de protection sans nager*. En cas de chute dans une eau proche de zéro, le temps de survie est de quelques minutes : nagez lentement à l'horizontale en gardant la tête hors de l'eau ; pensez à vous déshabiller et à vous sécher en sortant de l'eau pour éviter tout risque de gelures des extrémités.

APNÉE ET SURVIE

Depuis des millénaires jusqu'à nos jours, la plongée en apnée a constitué le seul moyen pour l'homme de survivre en explorant ce qui se passe sous la surface de l'eau pour se nourrir (chasse sous-marine), observer ou se cacher (reconnaissance de plages chez le commando).

L'apnée correspond à un arrêt volontaire de la respiration. C'est un moyen efficace de survie lors d'une noyade, une intoxication au monoxyde de carbone, une infiltration, un étranglement, une avalanche... Le sportif opérationnel doit se préparer à ce type de situation.

En apnée aquatique, le plongeur emmène dans ses voies respiratoires une certaine quantité d'air à la pression atmosphérique et va affronter une pression hydrostatique progressivement croissante. Ainsi, à moins de 10 mètres, le volume d'air dans la cage thoracique diminue de moitié. Cela demande une adaptation cardio-respiratoire spécifique pour apporter la quantité d'oxygène nécessaire et préserver les organes nobles : le cœur et le système nerveux central.

Lors d'une apnée volontaire en surface, le sujet retient sa respiration. La force d'inhibition respiratoire est corticale, donc gérée par le cerveau. Durant cette phase, la pression partielle d'oxygène ($O2$) diminue et la pression partielle en gaz carbonique ($CO2$) augmente. Cette dernière stimule le centre respiratoire au niveau du bulbe rachidien, entraînant une reprise de la respiration communément appelée réflexe *de prise d'air*.

L'apnée ne s'improvise pas. Certes, tout effort physique augmente le débit cardiaque par augmentation de la force de contraction du cœur, élévation de la tension artérielle et accélération du rythme cardiaque, mais l'effort spécifique de l'apnée entraîne une hyperpression dans les cavités droites du cœur. Il est donc impératif de solliciter progressivement son cœur, ses muscles et ses poumons à la sensation de manque d'oxygène durant l'effort.

C'est pour se préparer à ce type de situation que le **sportif opérationnel intègre dans son conditionnement des "pauses" respiratoires très courtes entre 10 et 20 secondes durant la phase choc**. Il peut s'exercer à réaliser en binôme des TIP sous apnée courte, pour retarder le réflexe de prise d'air. L'objectif est de confronter l'organisme au phénomène d'hypoxie ou de diminution du taux d'oxygène dans le sang. Le sportif "OPS", ainsi entraîné, peut envisager dans ses activités des taux d'oxygène plus faibles et augmente, par là même, sa tolérance au gaz carbonique. Son organisme reconnaît les conditions de dette en oxygène ; il fonctionne à l'économie pour préserver les organes nobles. La progression intéresse l'ensemble des chaînes musculaires en utilisant des charges légères sur des rythmes de mouvements longs. Sur le terrain, en milieu aquatique ou à sec, le combattant recherche l'économie d'énergie, en contractant la chaîne musculaire nécessaire à la propulsion, sans toutefois limiter les mouvements du diaphragme par une trop grande tonicité des abdominaux. De plus, cela autorise le cas échéant la possibilité de nager en apnée poumons pleins ou poumons vides.

Attention, l'apnée n'est pas sans conséquence. Elle peut donner lieu à un état syncopal ou perte de connaissance sans prévenir. Pour autant, il existe des signes d'alarme : vertiges, "mouches" ou étoiles dans les yeux, picotements dans les membres. **La progression doit toujours se faire sous le contrôle et en présence de son binôme**.

SAUVETAGE AU COMBAT ET SURVIE

La *posture de sauvegarde* est une attitude de protection utilisée chez les marins pour préserver un homme d'une explosion en soute. Elle consiste à se cramponner à un objet fixe en position verticale, les genoux semi-fléchis, pour amortir l'onde de choc. À travers cet exemple et pour répondre aux spécificités des situations de combat, il est impératif pour le sportif "OPS" de posséder et de maîtriser les savoir-faire indispensables aux gestes qui sauvent en milieu hostile.

L'objectif principal du sauvetage au combat est d'extraire un combattant blessé de la zone de risque pour le mettre à l'abri en condition de survie. À cette phase, il est déterminant de situer le danger, d'estimer les individus exposés et de trouver rapidement un lieu de repli.

"PROTECTION"
Commandos
en mode sauvetage

Sapeur-pompier.

▶ Les techniques à deux sauveteurs

Parmi les techniques employées, le "porter-pompier" est enseigné, mais rarement exploitable sur le terrain en situation de choc. La traction ou "pick and run" qui consiste à traîner le blessé au sol, semble être la technique la plus efficace pour mettre en sécurité rapidement le blessé. Il existe de nombreuses variantes : traction par le "brelage" du sac à dos, traction par les poignets, traction par les chevilles, traction à un ou deux combattants. D'où l'importance d'habituer son corps à tirer une charge ou à tracter son propre poids par l'apprentissage de techniques TIP CHOC.

Pour un sportif opérationnel aguerri, ce type d'effort intense, sous stress, est réalisable sur une courte distance, 50 mètres au maximum, en tenant compte de l'état de vigilance du blessé, de la nature du terrain, de la force du "tracteur", de la technique employée, du poids du blessé et du frottement au sol. Nous comprenons bien que cette technique doit être répétée suivant le processus de drill en variant les vecteurs de déplacement et en modifiant les paramètres environnementaux.

Le retour d'expériences montre que si la plupart du temps le blessé est accessible, il existe des situations où il doit être évacué d'un lieu de confinement inaccessible nécessitant l'extraction (un véhicule ou une tourelle). Les Forces Armées Canadiennes rapportent que sur le terrain, lors du dernier conflit afghan, ce type de procédure était beaucoup plus répandu que le "pick and run".

Cela nécessite la présence d'au moins deux sauveteurs. Le **premier sauveteur** est en charge du *relevage* du blessé en utilisant une double prise épaules en traction sur le "brelage" ses pieds en appui sur la roue du véhicule, il se laisse tomber doucement en arrière en utilisant son propre corps comme contrepoids. **Le deuxième sauveteur** le réceptionne pour lui permettre de poser les pieds à terre avant de se transférer vers les pieds du blessé. Celui-ci est évacué suivant les techniques envisagées précédemment.

Ces techniques font appel à des synergies musculaires de captage et d'éloignement pour dégager le blessé et font intervenir des mouvements complexes de coordination gestuelle nécessitant l'usage des drills.

▶ La technique à trois sauveteurs type commando

Cette technique d'extraction est la plus rapide et la plus sûre pour acheminer un blessé sur une longue distance, en terrain accidenté, sans brancard. Elle est utilisée par les forces spéciales pour sécuriser le blessé, trouver rapidement un lieu de repli tout en gardant la maîtrise du feu lors de l'extraction.

▶ La technique à trois ou quatre sauveteurs avec brancard

Le brancard est disposé le long du corps.

Sauveteur 1 : le premier sauveteur (le chef) se place en position trépied à la tête du patient et maintient cette dernière grâce à une prise occipito-mentonnière dans la mesure où le patient n'est pas conscient et s'il présente un traumatisme cervical. Une double prise sur le "brelage" du sac est possible dans les autres cas.

Sauveteur 2 : le deuxième sauveteur saisit les chevilles du patient.

Sauveteur 3 : le troisième sauveteur est tourné vers la tête du patient. Il prend appui sur l'épaule du sauveteur de tête pour venir se placer au milieu du corps et saisir le bassin.

Les ordres sont donnés par le chef qui ordonne "le lever", les sauveteurs soulèvent le patient et le déplacent **latéralement** pour le poser sur le brancard.

L'objectif secondaire est de pouvoir déterminer l'état de conscience du blessé, libérer ses voies aériennes, prendre son pouls carotidien, savoir pratiquer un massage cardiaque, savoir effectuer un point de compression locale, savoir poser un garrot de type "tourniquet" en indiquant l'heure exacte de la pose. Il est impératif à ce stade de mettre le blessé en position d'attente pour recevoir les premiers soins **avant l'extraction**.

Parmi les techniques employées, la position latérale de sécurité (PLS) est indiquée chez un combattant qui respire hypovigilant. La position semi-assise, cuisses fléchies, est recommandée chez le combattant en détresse respiratoire dans l'attente d'une évacuation.

En absence de moyens médicaux, dans une situation hors norme d'extrême urgence, *sous votre responsabilité*, il existe une technique dite de *réamorçage* permettant de faciliter la reprise d'air chez un combattant ayant perdu connaissance :

Asseyez la victime en lui maintenant la tête et le buste. Positionnez-vous derrière elle. Avec la paume de votre autre main portez une claque ferme sur la partie haute du dos (entre les deux omoplates). Attendez, puis recommencez une fois si le combattant reste non vigilant.

En tout état de cause, la mise en œuvre de soins d'urgence dans les *dix premières minutes* et la réalisation d'un compte-rendu **METHANE** par le responsable médical, font partie des fondamentaux du sauvetage de premier secours au combat et demandent une *formation milieu* spécifique.

Compte-rendu METHANE (OTAN)		
M	**M**e	**M**oi (indicatif)
E	**E**xact Localisation	**L**ocalisation précise
T	**T**ype of incident	**N**ature de l'incident
H	**H**asards	**R**isques
A	**A**ccessibility	**A**ccessibilité
N	**N**umber of casualties	**N**ombre de blessés / lésions
E	**E**xpected help	**A**ide attendue

Dans ce cadre, la réflexion sur la *gestuelle adaptée* reste une constante en matière de survie.

Il faut sans cesse imaginer des stratégies de mouvements utiles ainsi que des déplacements efficaces, en tenant compte des retours d'expériences des hommes et des femmes de terrain.

Pour les plus jeunes, écoutez attentivement vos anciens : ce sont eux qui détiennent le *savoir-survivre* !

FROG OPS

La survie consiste à augmenter son potentiel réactif pour accroître ses capacités de protection tout en apprivoisant le danger.

Le combattant passe de la vie à la survie en adoptant des stratégies comportementales réflexes tout en maîtrisant les réactions parasites liées au stress.

"PROTECTION"
Commandos
en mode sauvetage

TIP

Techniques Intensives Physiques

MÉTHODE ET OUTILS

Méthode et outils ?

Techniques Intensives Physiques

TIP

Les *trois armes* **TIP sont :**

LE CHOC – LA PROTECTION – LA MOBILITÉ

La *quatrième arme*, **c'est vous.**

Le sportif opérationnel cherche à automatiser les mouvements et postures issus des activités de combat par la répétition (drill) de **Techniques Intensives Physiques** sous stress.
Ces techniques s'exécutent dans le cadre d'une **progression TIP**, afin de répondre à des objectifs précis de **gains** physiques à incidences psychiques.
Les TIP s'intègrent à un **parcours opérationnel**, véritable outil d'adaptation du corps à la fonction.

Notre méthode vous propose de vous engager dans deux séquences distinctes de conditionnement :

La montée en puissance qui comporte deux phases :
- les postures opérationnelles offensives : TIP choc,
- les postures opérationnelles défensives : TIP protection.

L'extraction qui comprend deux phases :
- mobilité physique : TIP extraction physique,
- mobilité psychique : TIP extraction psychique.

Une pratique régulière fondée sur le geste **utile et fonctionnel,** permettant de répondre à n'importe quel choc, vous protège et mobilise votre corps et votre esprit à fin d'action.

PARTIE 2

PRINCIPES ?

Techniques Intensives Physiques, TIP

Principes généraux

Avant d'entreprendre **une progression** TIP, nous vous conseillons de respecter les quatre principes suivants :

Progressivité : la progression se déroule toujours par paliers successifs seul ou en binôme. Le but est d'améliorer votre niveau de forme, en tenant compte de vos antécédents sportifs, de vos activités physiques et professionnelles et, surtout, de vos objectifs physiques.

Économie : l'efficience du geste est recherchée. L'objectif est d'optimiser votre performance physique avec le meilleur rendement possible.

Efficacité : vous disposez de peu de temps pour vous entraîner. Le choix qualitatif s'impose en privilégiant le mouvement instinctif.

Volonté : ne jamais remettre au lendemain votre progression TIP ! C'est le moteur de votre combativité et la base de votre aguerrissement.

Principes spécifiques

Comment répondre au choc ?

Le Choc peut être physique et/ou psychique :

Pour répondre au choc, vous devez **réagir** dans l'instant, par votre capacité à **maintenir, endurer, répliquer.**

Les principes de progression choc sont :

- **régularité** dans votre préparation ;
- **autonomisation** de votre entraînement ;
- choix des **TIP Choc** adaptés à votre pratique.

"transferts de charges" et **"Tracter/tirer, pousser"**

Vous êtes prêt, dans votre corps et dans votre esprit, à répondre favorablement à la moindre sollicitation.

Comment se protéger ?

La Protection peut être physique et/ou psychique :

Pour vous protéger, vous devez **rebondir** immédiatement par votre capacité à **esquiver**, à vous **équilibrer**, à vous **économiser.**

Les principes de progression protection sont :

- **aptitude** aux changements de milieux,
- **activation** de vos réflexes et de votre coordination,
- choix des **TIP Protection** adaptés à votre pratique.

"Éviter, coordonner, épargner"

Vous êtes apte à vous fondre discrètement en permanence dans toutes les situations, sur tous les terrains, sans jamais vous désengager.

Comment se mobiliser ?

La Mobilité peut être physique et/ou psychique :

Pour vous mobiliser, vous devez **ressentir** votre corps et votre esprit dans l'action par votre capacité à vous **mouvoir,** à **récupérer** et vous **extraire.**

Les principes de progression mobilité sont :

- **régularité** dans l'effort, **capacité** de récupération,
- **polyvalence** des activités physiques et psychiques,
- choix des **TIP Mobilité** adaptés à votre pratique.

"Visualiser, réguler, activer"

Vous êtes physiquement entraîné pour vous déplacer dans tous les environnements.

Vous êtes psychiquement vigilant, et à même de vous projeter dans un univers dangereux en régulant votre niveau de résilience.

Nous verrons dans les chapitres suivants comment mettre en place des TIP sous stress par **crash contrôlé** (ce *terme est employé par les pilotes de chasse de l'aéronaval. Il caractérise l'intensité de l'impact et le stress résultant d'une manœuvre d'appontage, sans anticipation possible)*. Dans ce contexte, l'objectif premier est de développer votre résistance physique ainsi que vos réflexes et, secondairement, d'affirmer votre agressivité positive. La capacité de réponse au choc et l'aptitude à se protéger résultent d'une pression conjointe physique et mentale, point de départ de l'aguerrissement. *Dans l'action, privilégiez toujours l'instinct* !

Principes d'aguerrissement

Les pré-requis ?

L'aguerrissement est le fondement de "**l'esprit opérationnel**".

Il doit être relayé sur le terrain par "**l'esprit de corps**".

Il s'opère, en intensifiant les situations suivantes :

- **repousser ses limites :** pour beaucoup, cette notion s'apparente à quelque chose d'exceptionnel, comme sauter d'un pont au bout d'un élastique ou gravir un sommet. Mais tout dépend de la limite que vous vous fixez. Une seule règle : celle du "davantage" propre aux Anglo-Saxons "*enough is enough too much is all right*" ! Dès maintenant, il vous faut terminer l'épreuve, dépasser de quelques centaines de mètres la course d'endurance que vous avez entamée, effectuer quelques tractions supplémentaires par rapport à votre objectif initial, en définitive, vous surpasser dans l'effort en permanence. La limite est une "barre fictive" qui se plie par la force de votre esprit ;

- **sortir de son contexte :** certains sportifs effectuent toujours le même parcours, dans le même sens, à la même vitesse, avec le même groupe. Il faut savoir s'extraire des "mêmes" et apprendre à emprunter les chemins de traverse. Le groupe est, certes, rassurant et nécessaire ; l'effort en solitaire ou en binôme est plus risqué, mais autorise la progression. En évoluant seul dans un contexte qu'il ne maîtrise pas, le sportif opérationnel est apte à intégrer la fatigue dans son entraînement, en gérant son stress dans l'action tout en maîtrisant les informations temporelles et perceptives. Il acquiert, au fil du temps, la "rusticité", arme indispensable et décisive pour évoluer dans un environnement dangereux ;

- **s'adapter au milieu :** les changements d'environnements peuvent être des éléments "freins" pour certains. Ne jamais remettre au lendemain la sortie prévue lorsque les conditions de sécurité sont établies. Le jour où votre voiture tombe en panne sous la neige, dans une zone où le téléphone ne passe pas, vous n'avez pas d'autre choix pour vous en sortir que de vous résoudre à trouver les bonnes solutions, en affrontant les éléments pour survivre ;
- **s'habituer** à la fatigue : l'effort physique est une source de fatigue. Se coucher tard tous les soirs pour "surfer" sur internet est aussi une source d'épuisement ! Repousser la fatigue tout en maintenant son attention, sa vigilance et sa détermination, cela s'apprend. Il suffit d'exercer une *activité positive*. Pendant que les autres dorment, vous serez capable, le cas échéant, de réduire votre temps de sommeil pour optimiser votre journée ;

- **intensifier le stress positif :** le stress est utile au quotidien pour se défendre, se nourrir et préserver son espace. Le facteur temps est un agent "stresseur" efficace. En effet, une activité physique chronométrée augmente la tension psychique positive en autorisant le dépassement de soi.

"PROTECTION"
OPS tandem
en mode dépose

OBJECTIFS ?

Étape 1

Identifiez vos contraintes physiques, appréhendez votre structure mentale.

Nous vous conseillons en début de progression de **définir les contraintes physiques auxquelles vous êtes soumis dans le cadre de vos activités.** En effet, chaque sportif opérationnel est confronté dans son quotidien à des sollicitations inhérentes à son emploi, sa pratique sportive, son type d'effort.

Maintenir une posture au sol chez le judoka, ramper chez le commando, tenir une position trépied chez le sapeur-pompier, porter lourd et longtemps pour l'alpiniste, résister à une attaque pour les forces de l'ordre, déplacer une charge pour le démineur, tenir l'équilibre chez le couvreur, rester immobile pour l'agent de sécurité, marcher en terrain accidenté pour le garde forestier...

Ces **attitudes** éprouvantes **pour le corps** répondent à des **postures opérationnelles** distinctes. Il est impératif de les reproduire et de les répéter lors de l'entraînement, pour **se projeter sur le terrain sans crainte.**

L'entraînement opérationnel est directement lié aux **qualités physiques** attendues qui génèrent des **stress physiologiques** (cardio-vasculaire, énergétique, durée d'effort), des **stress musculaires** (chaînes musculaires recrutées, type de contraction, temps de contraction) et, en corollaire, des **stress psychiques** (structure mentale propre à chaque individu).

Pour illustrer nos propos, nous vous présentons les principales contraintes métiers, qualités physiques et structures mentales attendues pour trois professions engagées :

- le sapeur-pompier ;
- le pilote de chasse ;
- le commando.

Cette liste de métiers n'est pas exhaustive. Il vous appartient de réfléchir aux sollicitations induites par votre emploi ou vos activités sportives à risque.

Pilote de chasse.

Commando.

Le sapeur-pompier

Le combattant du feu est confronté dans son quotidien à de nombreuses **contraintes physiques**. Le choc de l'intervention impose au sapeur-pompier d'être capable, dans l'instant, d'effectuer les postures opérationnelles suivantes :

- monter des escaliers avec charge ;
- descendre d'une échelle pivotante, une victime sur le dos ;
- tenir la position trépied ;
- effectuer un massage cardiaque ;
- creuser, couper, évacuer des déblais ;
- fermer/ouvrir une vanne ;
- évoluer dans un environnement hostile ;
- lever une échelle ;
- tenir en équilibre.

Sapeur-pompier.

En parallèle, il doit faire face à des **sollicitations psychiques** spécifiques inhérentes au métier : le confinement, le risque vital, la vision de la mort, la souffrance, la répétitivité du mouvement, l'urgence, l'état de stress durant l'intervention…

L'analyse des postures opérationnelles nous renseigne sur les besoins gestuels ainsi que les qualités physiques attendues.

La **structure mentale indispensable** pour exercer durablement cet emploi est la **résilience.**

*Nous avons cherché à proposer dans le tableau suivant une **synthèse emploi/contraintes** pour ce type de profil.*

Contraintes physiques : sapeur-pompier	Qualités physiques	Structure mentale
▶ Tenir la position trépied ▶ Se suspendre ▶ Monter une échelle ▶ Courir avec charge (ari) ▶ Tenir une lance sous pression ▶ Rester immobile ▶ Ramper au sol ▶ Porter une charge	**Explosivité** **Vitesse** **Endurance** **Coordination**	**Résilience** **Empathie**

Pilote de chasse en mode ruban

Le pilote de chasse

Le pilotage d'avions de combat occasionne des **contraintes physiques spécifiques,** liées principalement à l'activation musculaire de fond pour maintenir la posture assise dans un espace confiné. Le pilote est fixé au siège par le "brelage". Le choc du combat aérien impose au pilote d'être capable, dans l'instant, de résister aux facteurs de charge tout en restant vigilant sur sa conduite de tir. Il existe une activité musculaire en vol qui est "pilote-dépendante". L'intensité de la co-contraction ou gainage des muscles des membres supérieurs et inférieurs semble être plus marquée chez les pilotes novices que chez les pilotes aguerris. Ceci peut engendrer à terme une fatigue plus importante chez le jeune pilote.

Les contraintes physiques du pilote de chasse sont de deux types :

- sur des **vols de longue durée supérieure** à 5 points (heures) ; convoyage avec ravitaillement en vol. La fatigue musculaire du pilote est liée au maintien de la posture associée à l'environnement thermique, les vibrations, les conditions d'hypoxie qui peuvent induire une diminution de la vigilance ainsi que des "contractures" dorsales ;
- sur des **vols courts de combat.** Le pilote est soumis aux accélérations en gravité positive + Gz ou négative – Gz, la région cervicale est alors fortement sollicitée. De plus, l'exécution répétée de manœuvres musculo-respiratoires de type M1 induit une fatigue musculaire ainsi qu'une baisse de tolérance au facteur de charge.

L'analyse des postures opérationnelles nous renseigne sur les besoins gestuels ainsi que les qualités physiques attendues. La **structure mentale indispensable** pour exercer cet emploi est la **plasticité cérébrale** ou la **capacité immédiate de remise en question.**

*Nous avons cherché à proposer dans le tableau suivant une **synthèse emploi/contraintes** pour ce type de profil.*

Contraintes physiques : pilote de chasse	Qualités physiques	Structure mentale
▶ Rester immobile longtemps (confinement) ▶ Résister au facteur de charge ▶ Tenir la position assise sous contrainte ▶ Survivre	**Vitesse de réaction** **Endurance** **Coordination** **Agilité**	**Plasticité** **Habileté** **Résilience**

Commando en mode franchissement de nuit

Le commando

Les forces spéciales sont des unités constituées de commandos. Ces sportifs opérationnels d'élite présentent des caractéristiques générales hors normes : détermination, adaptation, créativité, autonomie ainsi que des spécificités d'emploi : résistance, rusticité, répétitivité dans l'entraînement pour effectuer sur le terrain des actions ciblées, sources de **contraintes physiques spécifiques**. Les qualités physiques, mentales, intellectuelles et comportementales de chaque combattant sont une garantie sur l'efficience et la performance du groupe. Le choc de l'action impose au commando d'être capable, dans l'instant, d'effectuer les principales postures opérationnelles suivantes :

- approcher discrètement et renseigner ;
- maîtriser les changements de milieux (terre, air, mer) ;
- marcher longtemps avec charge ;
- utiliser les techniques de combat corps à corps ;
- évoluer en autonomie ;
- creuser, s'enterrer, observer, évacuer ;
- s'extraire rapidement (terre, air, mer) ;
- évoluer dans un environnement hostile ;
- grimper à une échelle spéléo ;
- descendre en rappel ;
- tenir en équilibre.

Les **sollicitations psychiques** inhérentes aux risques métier sont : le confinement, l'attente (cache d'observation), le risque vital (engagement au feu), la réactivité, la répétitivité (entraînement), l'état de stress durant la mission...

L'analyse des postures opérationnelles nous renseigne sur les besoins gestuels ainsi que sur les qualités physiques attendues.

La **structure mentale indispensable** pour exercer cet emploi est **l'humilité et le dépassement de soi.**

*Nous avons cherché à proposer dans le tableau suivant une **synthèse emploi/contraintes** pour ce type de profil.*

Contraintes physiques : commando	Qualités physiques	Structure mentale
▶ Maîtriser les changements de milieux (terre, air, mer) ▶ Marcher longtemps avec charge ▶ Utiliser les techniques de combat corps à corps ▶ Creuser, couper, évacuer ▶ Grimper à une échelle spéléo ▶ Descendre en rappel ▶ Tenir en équilibre...	**Explosivité** **Vitesse** **Endurance** **Coordination** **Agilité** **Polyvalence**	**Humilité** **Résilience** **Rusticité** **Réactivité**

"TIP"
Choc
Protection
Mobilité

Étape 2

Désignez vos cibles TIP

Vous avez identifié vos **contraintes physiques et sollicitations mentales.**

Il s'agit pour vous maintenant de désigner vos cibles TIP choc, TIP protection et TIP mobilité, correspondant à vos besoins dans le tableau suivant.

Les cibles [1] **"TARGET TIP"**

TIP Choc	TIP Protection	TIP Mobilité
Transferts de charges **Tracter, tirer, pousser**	**Esquive** **Équilibre** **Économie du geste**	**Extraction psychique** **Extraction physique**

(1) La "cible" (Target pour les Anglo-Saxons) correspond à la désignation d'un contact ou d'un objectif.

Exemples de cibles "TARGET TIP", pour le sapeur-pompier

Contraintes Physiques du sapeur-pompier	Qualités physiques	Structure mentale	TARGET TIP Choc – Protection – Mobilité
▶ Tenir la position trépied ▶ Se suspendre ▶ Monter à une échelle ▶ Courir avec charge (ARI) ▶ Tenir une lance sous pression ▶ Rester immobile ▶ Ramper au sol	**Explosivité** **Vitesse** **Endurance** **Coordination**	**Résilience** **Empathie**	**Transferts de charges** Chute, ramper **Tracter-Tirer-Pousser** Traction, tirage **Équilibre** Debout, trépied **Extraction psychique** ROC, RAID **Extraction physique** Course à pied, escalade, slackline

À vous de **désigner vos cibles TIP**, à partir de vos besoins gestuels, vos qualités physiques et psychiques attendues dans votre emploi ou votre sport...

Contraintes Physiques	Qualités physiques	Structure mentale	TARGET TIP Choc – Protection – Mobilité

Étape 3

Établissez votre progression TIP

Elle fait suite à une séquence d'échauffement et se décompose en 2 axes de travail :

La montée en puissance : action

- Le choc.
- La protection.

L'extraction : récupération

- La mobilité psychique.
- La mobilité physique.

PROGRESSIONS ?

Progression 1

TIP Échauffement

Zone d'attente : c'est la phase d'anticipation/événement.

La séance commence toujours par un échauffement de **5** minutes qui peut être prolongé en fonction des conditions climatiques. Le combattant prépare son corps à effectuer des exercices de haute intensité.

Les connaissances récentes font apparaître que les exercices de mise en condition physique comme la course à pied, les étirements musculaires, les mouvements de grandes amplitudes sont de plus en plus controversés lors d'un échauffement. Il semble que les effets attendus soient contraires à la physiologie du corps en termes de vascularisation, de mise en tension du muscle et d'augmentation de la température corporelle. Par exemple, les courbatures ne disparaissent pas lors d'un étirement, bien au contraire, la mise en tension du muscle diminue la vascularisation intrinsèque de celui-ci, en induisant un effet de compression des vaisseaux capillaires.

L'échauffement a pour but de positionner son corps dans l'espace en explorant son environnement tout en enchaînant de manière fluide des mouvements "balistiques" sans charge. Les séquences gestuelles sont basées sur des *transferts d'appuis* et *des enroulements, déroulements* debout puis au sol.

Progression 2

TIP Choc

Postures opérationnelles offensives : c'est la phase de réponse/événement.

La séance débute par une **montée en puissance** des sollicitations musculaires sur des **chaînes musculaires offensives de captage**. Elle vise à développer la capacité du combattant à maintenir, endurer, supporter un effort de haute intensité sur une période de **20 minutes** en respectant les principes d'IT.

Cela permet au combattant d'exprimer tout son potentiel physique en utilisant l'ensemble des filières énergétiques, tout en induisant des stress spécifiques (proprioceptif, survitesse, absence de repère visuel, chronométrage...) jusqu'à l'apparition de la fatigue musculaire.

Le niveau tonique est maximum. Les temps de récupération sont très courts. Le combattant puise partiellement dans ses réserves énergétiques. Une réhydratation est nécessaire durant cette phase.

Progression 3

TIP Protection

Postures opérationnelles défensives : c'est la phase de coordination/événement.

Cette étape consiste à tendre vers un état d'équilibre. Elle fait suite à la phase précédente de choc et dure **15 minutes**. Elle cherche à développer chez le combattant des habilitations motrices particulières mettant en jeu des mécanismes réflexes d'évitement, d'esquive et d'équilibre tout en intégrant l'économie musculaire sur des **chaînes musculaires** défensives **d'éloignement**. Le niveau tonique est maintenu. Les sens sont sollicités ainsi que la coordination des gestes. Les exercices s'enchaînent, il n'y a pas de temps de récupération.

Progression 4

TIP Mobilité

Extractions : c'est la phase mobilisatrice/événement.

La séance se poursuit par :

- **l'extraction psychique ou récupération mentale**
- **l'extraction physique ou récupération cardio-respiratoire :**

Elle revêt deux aspects :

L'extraction psychique facilite l'adaptation mentale du combattant face à un risque potentiel. Elle demande un temps d'activité mental de **5** minutes. Il s'agit pour le sportif "OPS" de :

- *visualiser la progression* : elle permet de mettre en œuvre des stratégies de mouvements utiles et efficaces pour effectuer le "bon geste au bon moment dans l'action". Cela consiste à se "regarder" agir avant, pour visualiser une situation passée, après pour revivre une situation vécue et l'analyser. L'objectif est de se préparer mentalement au choc, de se protéger et d'enclencher un processus d'habituation par la répétition mentale d'événements à venir avec la sensation de pouvoir les vivre avant qu'ils ne se produisent. Cet état de connexion est un véritable flux d'action ou "état de grâce" pour le combattant. Au bout c'est la victoire sur soi.
- *réguler son niveau tonique* : ceci facilite la diminution volontaire du tonus musculaire. Un retour à la normale favorise le passage d'une activité à l'autre par la prise de conscience d'un corps régulé et maîtrisé, sans être pollué par l'activité précédente.
- *récupérer après l'effort* : cela autorise le retour au calme après l'action tout en se projetant dans l'avenir. La respiration, et plus spécifiquement le travail du diaphragme, sont prépondérants durant cette phase. C'est le moteur de la lutte antistress.

Cette phase est vivement conseillée en fin de progression choc et protection, mais également après l'extraction physique.

L'extraction physique correspond à la mise en place d'activités **cardio-respiratoires variées** (course à pied, escalade, marche, nage...). L'objectif pour le combattant est de favoriser les changements de milieux, les adaptations du corps à l'effort, ainsi que l'économie musculaire dans l'action.

Cette phase s'effectue le plus souvent à distance de la phase choc et protection.

C'est une manière de tester les capacités du combattant en milieu naturel, en privilégiant les environnements hostiles et la polyvalence physique sans notion de performance ou de compétition. Un effort de **50** minutes correspond à un temps minimum pour solliciter la filière aérobie afin d'optimiser la progression.

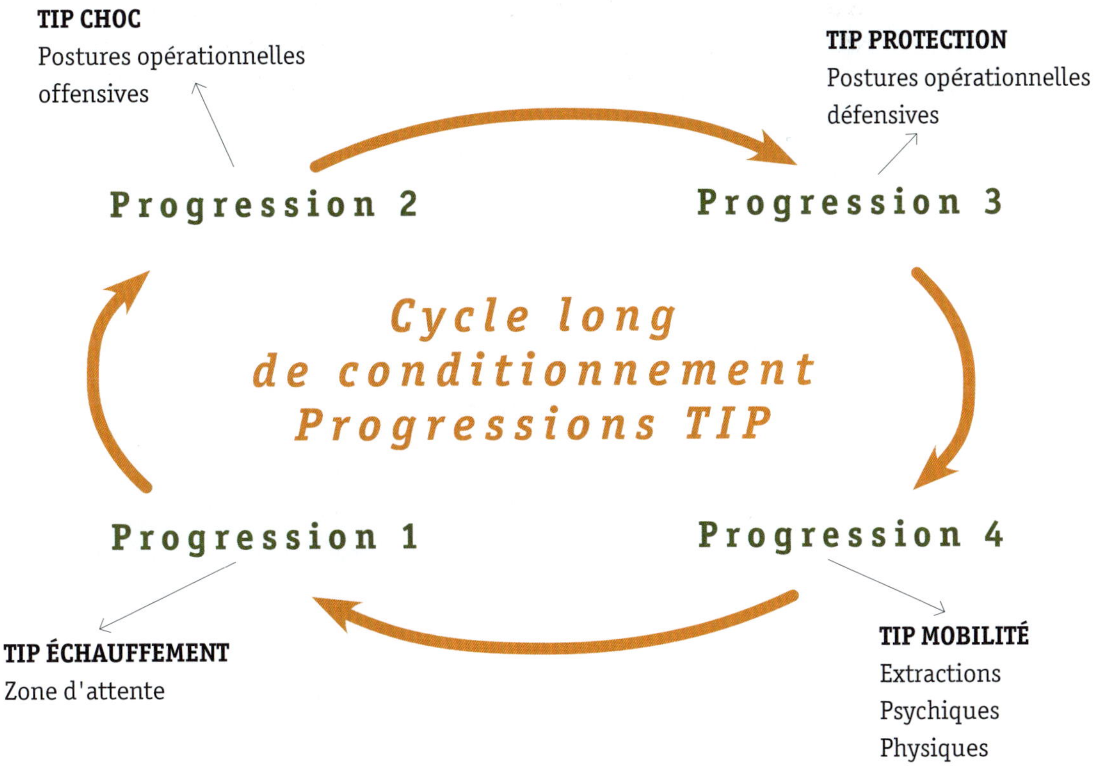

En pratique nous distinguons 3 niveaux d'activités :

- niveau 1 groupe " **novice**"
- niveau 2 groupe " **aguerri**"
- niveau 3 groupe " **élite**"

C'est à vous...

Dans les pages suivantes, Héraclès et Thor ont recours pour l'action aux Techniques Intensives Physiques (TIP).

Nous vous conseillons de les pratiquer le plus souvent possible afin de maintenir dans la durée votre conditionnement physique et psychique.

12

TIP ÉCHAUFFEMENT

HÉRACLÈS
Balistique
échauffement

Progression 1

Zone d'attente

Dans le cadre de la méthode TIP, nous envisageons la notion d'échauffement autour de mouvements **balistiques** de va-et-vient.

Ils favorisent les **mécanismes réflexes d'activation des chaînes musculaires** sur des positions propres au combat.

Ils permettent de préparer progressivement le corps du combattant à anticiper une sollicitation extérieure, tout en automatisant les enchaînements, sans pour autant puiser dans ses réserves énergétiques.

L'objectif est de régler les **automatismes de postures** dans une logique de progressions répétitives (drills) basées sur l'agilité, l'instinct, l'habileté et surtout la fluidité du geste.

La stratégie consiste à démarrer l'échauffement en explorant son *espace d'action*, en position debout, intermédiaire, puis au sol.

FENTE LATÉRALE

PROGRESSION 1A

Écartez les jambes

Allongez les bras en avant,
coudes semi-tendus

(Position de tir)

Abaissez le centre de gravité

Déportez-vous sur la jambe droite
puis sur la gauche

"Alternez"

AGUERRISSEMENT

Augmentez le rythme, la vitesse
et la fluidité

Dissociez le mouvement bras jambes

"Scannez" votre espace d'action à 180°

Fermez les yeux

Ressentez le mouvement

"Répétez, envoyez"

FENTE AVANT/ARRIÈRE

PROGRESSION 1B

Avancez un pied, reculez l'autre

Fléchissez les coudes

(Position d'attaque)

Abaissez le centre de gravité

Déportez-vous sur la jambe avant puis sur l'arrière

"Alternez"

AGUERRISSEMENT

Augmentez le rythme, la vitesse et la fluidité du mouvement

Décollez le pied avant puis l'arrière

Fermez les yeux

Ressentez le mouvement

"Répétez, envoyez"

TRÉPIED AVANT/ARRIÈRE

PROGRESSION 1C

Posez un genou à terre

Écartez les bras sur le côté, coudes fléchis

(Position d'attente)

Déportez-vous sur la jambe avant puis sur l'arrière

"Alternez"

AGUERRISSEMENT

Augmentez le rythme, la vitesse et la fluidité du mouvement

Décollez le pied avant

Fermez les yeux

Ressentez le mouvement

"Répétez, envoyez"

MARCHE À GENOUX AVANT/ARRIÈRE

PROGRESSION 1D

Posez les deux genoux à terre

Mettez vos bras dans le dos,
les mains jointes

(Position de soumission)

Déportez-vous sur le genou droit
puis sur le gauche

"Avancez, reculez"

AGUERRISSEMENT

Augmentez le rythme, la vitesse
et la fluidité du mouvement

Penchez-vous en arrière

Fermez les yeux

Ressentez le mouvement

"Répétez, envoyez"

MARCHE EN CRABE AVANT/ARRIÈRE

PROGRESSION 1E

Prenez la position à quatre pattes arrière

Mettez vos bras dans le dos,
les mains écartées

(Position de garde)

"Avancez, reculez"

AGUERRISSEMENT

Augmentez le rythme, la vitesse
et la fluidité du mouvement

Levez les genoux

Fermez les yeux

Ressentez le mouvement

"Répétez, envoyez"

ROULADE LATÉRALE

PROGRESSION 1F

Allongez-vous sur le dos

Croisez les bras sur la poitrine

(Position de protection)

Tendez un genou, pliez l'autre

Pivotez autour de la jambe tendue

Roulez sur le côté droit
puis sur le côté gauche

"Alternez"

AGUERRISSEMENT

Augmentez le rythme,
la vitesse et la fluidité du mouvement

**Poussez fermement
sur les mains pour pivoter**

Fermez les yeux

Ressentez le mouvement

"Répétez, envoyez"

ROULADE AVANT/ARRIÈRE

PROGRESSION 1G

Allongez-vous sur le dos

Rentrez la tête dans les épaules

Croisez les bras sur la poitrine

Pliez les genoux

(Position de protection)

Décollez le bassin puis les épaules

Roulez en avant puis en arrière

"Alternez"

AGUERRISSEMENT

Augmentez le rythme,
la vitesse et la fluidité du mouvement

Levez haut les jambes

Fermez les yeux

Ressentez le mouvement

"Répétez, envoyez"

13

TIP CHOC

TRANSFERTS DE CHARGES CHOC

TRANSFERTS DE CHARGES

APTITUDES

Absorber un choc
Maintenir une posture sans bouger
Plaquer un adversaire au sol
Chuter
Se réceptionner au sol
Progresser en milieu hostile
Changer de milieu
Ramper discrètement

Progression 2

Postures opérationnelles offensives de captage

Les techniques suivantes trouvent leur place dans la plupart des activités des sportifs opérationnels. Elles visent à renforcer les chaînes musculaires de captage sur des mouvements utiles de **transferts de charges** et de **tractions-tirages-poussées**.

La **capacité de résistance induite**, associée à une optimisation du gainage (socle musculaire du combattant), permet d'encaisser les chocs, de résister aux déformations et de répondre efficacement aux déstabilisations et sollicitations extérieures.

Vous veillerez le plus souvent possible à exploiter les paramètres de vitesse (survitesse), de temps, (endurance), de charge (poids du corps) et de repères proprioceptifs (absence de vision, évolution entre terre et eau) afin d'habituer votre corps à des stress réguliers (crashs contrôlés) susceptibles de vous aguerrir.

Ces techniques peuvent être réalisées seul, en binôme ou en groupe. Elles s'intègrent dans une logique de parcours opérationnel.

Les techniques TIP de **transferts de charges** sont des postures que nous retrouvons dans la plupart des activités de combat.

Quel que soit le pays d'origine, les tests physiques des opérationnels débutent toujours de manière immuable par des séries de pompes.
Il existe une raison à cela. Pour conserver les aptitudes envisagées précédemment, votre corps et plus spécifiquement vos **chaînes musculaires antérieures (offensives)** sont sollicités soit pour subir et réagir (état de vigilance physique), soit pour vous mouvoir face à l'adversité.

Il existe de nombreuses variantes pour réaliser ces mouvements. Au demeurant, seule la finalité opérationnelle du combat prime : observer, s'approcher, chuter, se figer, soumettre ou se soumettre.

C'est à travers ces différentes actions que le sportif "OPS" inclut dans son conditionnement les Techniques Intensives Physiques suivantes.

Nous vous conseillons de les réaliser en tenant compte de votre niveau de progression tout en diversifiant les mouvements. L'objectif est d'accroître votre potentiel d'aguerrissement.

Novice : 1 série de 10 mouvements,
Aguerri : 2 séries de 20 mouvements,
Élite : 3 séries de 30 mouvements.

Le temps de maintien des postures oscille entre 10 et 20 secondes.

Les TIP CHOC transferts de charges s'enchaînent sur une période de 10 minutes.

POMPE OPS$_1$

PROGRESSION 2A

Allongez-vous sur le ventre, bras tendus

Placez vos mains à la verticale des épaules

(Position d'observation)

Gardez le dos droit

Fléchissez les coudes

"Descendez, remontez"

AGUERRISSEMENT

Augmentez le rythme, la vitesse
et la fluidité du mouvement

Écartez / rapprochez vos mains

Fermez les poings

Maintenez la position intermédiaire

Fermez les yeux

Ressentez le mouvement

"Répétez, envoyez"

POMPE OPS$_2$

PROGRESSION 2B

Positionnez-vous sur le ventre

Placez vos avant-bras sur un tabouret

(Position de réception)

Gardez le dos droit

Fléchissez les coudes

Rapprochez votre tête du tabouret

"Descendez, remontez"

AGUERRISSEMENT

Augmentez le rythme,
la vitesse et la fluidité du mouvement

Lâcher un bras puis l'autre

Décollez une jambe puis l'autre

Maintenez la position intermédiaire

Fermez les yeux

Ressentez le mouvement

"Répétez, envoyez"

POMPE OPS_3

PROGRESSION 2C

Positionnez-vous sur le ventre

Placez vos mains sur deux tabourets

(Position de soumission)

Gardez le dos droit

"Alternez" deux mains tabouret, une main au sol, deux mains au sol, deux mains tabouret

AGUERRISSEMENT

Augmentez le rythme, la vitesse et la fluidité du mouvement

"Alternez" deux mains tabourets, deux mains au sol

Ajoutez une charge progressive dans le dos

Fermez les yeux

Ressentez le mouvement

"Répétez, envoyez"

CHUTE OPS

PROGRESSION 2D

Positionnez-vous à genoux

Ouvrez vos mains vers le sol

(Position de réception)

Gardez le dos droit

Chutez vers le sol

"Alternez" deux mains en l'air, deux mains au sol

AGUERRISSEMENT

Augmentez le rythme, la vitesse et la fluidité du mouvement

Positionnez-vous debout jambes semi-fléchies

Chutez vers le sol

"Répétez, envoyez"

RAMPE FRONTAL

PROGRESSION 2E

Positionnez-vous sur le ventre, avant-bras au sol

(Position d'approche)

Avancez un bras puis l'autre

Fléchissez un genou puis l'autre

"Alternez" bras et jambes

AGUERRISSEMENT

Augmentez le rythme, la vitesse et la fluidité du mouvement

Ajoutez une charge progressive dans le dos

Fermez les yeux

Ressentez le mouvement

"Répétez, envoyez"

RAMPE LATÉRAL

PROGRESSION 2F

Positionnez-vous sur le côté,
un avant-bras au sol

(Position de retrait)

Avancez le bras au sol, puis la main en l'air

Fléchissez un genou puis l'autre

"Alternez" bras et jambes

AGUERRISSEMENT

Augmentez le rythme, la vitesse
et la fluidité du mouvement

Ajoutez une charge progressive dans le dos

Fermez les yeux

Ressentez le mouvement

"Répétez, envoyez"

SUSPENSION MAINS

PROGRESSION 2G

Suspendez-vous sur le ventre
les mains dans les suspentes

(Position de saut)

Tendez un bras puis l'autre

"Alternez"

AGUERRISSEMENT

Augmentez le rythme, la vitesse
et la fluidité du mouvement

Décollez une jambe puis l'autre en tendant le bras opposé, maintenez

Ajoutez une charge progressive dans le dos

Fermez les yeux

Ressentez le mouvement

"Répétez, envoyez"

SUSPENSION PIEDS

PROGRESSION 2H

Suspendez-vous sur le ventre, les pieds dans les suspentes

(Position de saut)

Balancez vos jambes à droite puis à gauche

"Alternez"

AGUERRISSEMENT

Augmentez le rythme, la vitesse et la fluidité du mouvement

Décollez un bras puis l'autre, maintenez

Ajoutez une charge progressive dans le dos

Fermez les yeux

Ressentez le mouvement

"Répétez, envoyez"

SUSPENSION MAINS/PIEDS

PROGRESSION 2I

Suspendez-vous sur le ventre, les pieds dans les suspentes

(Position de chute)

Tendez un bras puis l'autre

"Alternez"

AGUERRISSEMENT

Augmentez le rythme, la vitesse et la fluidité du mouvement

Alternez deux mains tabourets, une main au sol, deux mains au sol

Alternez deux mains tabouret : flexion des hanches ; deux mains sol, hanches tendues

Fermez les yeux

Ressentez le mouvement

"Répétez, envoyez"

TRACTIONS TIRAGES POUSSÉES CHOC

TRACTIONS,

TIRAGES,

POUSSÉES

APTITUDES:

Donner l'assaut
Grimper à une corde
Descendre en rappel
Escalader un mur
Porter un brancard
Traîner une charge
Pousser une charge
Soulever une charge

Les techniques TIP de **tractions, tirages, poussées** sont des mouvements que nous retrouvons dans la plupart des activités de combat.

Les tests physiques des opérationnels se poursuivent toujours par des séries de tractions.

Il y a une raison à cela. Afin de conserver les aptitudes précédentes, votre corps et plus spécifiquement vos **chaînes musculaires antérieures (offensives)** sont sollicités, soit pour vous propulser en avant, en l'air ou au sol, soit pour vous déplacer, avec ou sans charge, face à l'adversité.

Il existe de nombreuses variantes pour réaliser ces mouvements. Au demeurant, seule la finalité opérationnelle du combat est envisagée : attaquer, assaillir, lutter, s'accrocher, s'agripper, sauver, se réfugier.

C'est à travers ces différentes actions que le sportif "OPS" inclut dans son conditionnement les Techniques Intensives Physiques suivantes.

Nous vous conseillons de les réaliser en tenant compte de votre niveau de progression, tout en diversifiant les mouvements afin d'accroître votre potentiel d'aguerrissement.

Novice : 1 série de 5 mouvements,

Aguerri : 2 séries de 15 mouvements,

Élite : 3 séries de 20 mouvements.

Le temps de maintien des postures oscille entre 10 et 20 secondes.

Les TIP CHOC Tractions, tirages, poussées s'enchaînent sur une période de 10 minutes.

TRACTION SUSPENSION "PARA"

PROGRESSION 2J

Attrapez les suspentes, les mains écartées en pronation, les pieds fixes au sol

Suspendez-vous, coudes tendus

(Position d'assaut, surplomb)

Fléchissez les coudes

"Montez, descendez"

AGUERRISSEMENT

Augmentez le rythme, la vitesse et la fluidité du mouvement

Rapprochez votre dos du sol

Maintenez la position

Ajoutez une charge progressive dans le dos

Fermez les yeux

Ressentez le mouvement

"Répétez, envoyez"

TRACTION SUSPENSION "CORDE LISSE"

PROGRESSION 2K

Attrapez la corde, les mains serrées en pronation, les pieds fixes au sol

Suspendez-vous, coudes tendus

(Position d'assaut, rappel)

Fléchissez les coudes

Grimpez, jambes mortes

"Montez, descendez"

AGUERRISSEMENT

Augmentez le rythme, la vitesse et la fluidité du mouvement

Ajoutez une charge progressive dans le dos

Fermez les yeux

Ressentez le mouvement

"Répétez, envoyez"

SUPINATION TRACTION OPS$_1$

PROGRESSION 2L

Attrapez la barre, les mains écartées face à vous

Suspendez-vous, coudes semi-tendus

(Position d'assaut, échelle de corde)

Montez le menton au-dessus de la barre

"Maintenez, descendez, remontez"

AGUERRISSEMENT

Ralentissez le rythme,

Concentrez-vous sur la fluidité du mouvement

Rapprochez vos mains

Tendez vos bras

Fermez les yeux

Ressentez le mouvement

"Répétez, envoyez"

PRONATION TRACTION OPS$_2$

PROGRESSION 2M

Attrapez la barre, les mains écartées en position inverse

Suspendez-vous, coudes semi-tendus

(Position planche pompier)

Montez le menton au-dessus de la barre

"Maintenez, descendez, remontez"

AGUERRISSEMENT

Augmentez le rythme, la vitesse et la fluidité du mouvement

Tendez vos bras

Ajoutez une charge progressive dans le dos

Fermez les yeux

Ressentez le mouvement

"Répétez, envoyez"

TIRAGE

PROGRESSION 2N

Position debout

Attrapez la corde, les mains serrées en pronation

(Position d'abordage)

"Tirez la charge vers vous"

"Recommencez"

AGUERRISSEMENT

Augmentez le rythme, la vitesse et la fluidité du mouvement

Position assise au sol

"Tirez la charge vers vous"

Fermez les yeux

Ressentez le mouvement

"Répétez, envoyez"

POUSSÉE

PROGRESSION 20

Penchez-vous en avant

(Position d'engagement)

Poussez devant vous

" Maintenez"

Changez d'épaule

"Recommencez"

AGUERRISSEMENT

Augmentez le rythme, la vitesse
et la fluidité du mouvement

OPS "Rentrez dans la mêlée, luttez"

**Ajoutez une charge progressive
dans le dos**

Fermez les yeux

Ressentez le mouvement

"Répétez, envoyez"

POUSSÉE OPS X2 "JAMBES"

PROGRESSION 2P

Sportif "OPS1" allongé

Sportif "OPS2" sur le côté : main gauche sur pied gauche externe, main droite sur cuisse gauche externe "OPS1"

Départ, jambe gauche, genou tendu, en position d'attente

Arrivée, jambe droite "OPS 1" vers "OPS 2"

(Position de défense haute)

Écartez, levez, "poussez fort", revenez, enchaînez

AGUERRISSEMENT

Augmentez le rythme, la vitesse et la fluidité du mouvement

10, 20 ,30 mouvements sans repos (novice, aguerri, élite) puissance maximum

Fermez les yeux

Ressentez le mouvement

"Alternez sans repos jambe gauche puis jambe droite"

"Répétez, envoyez"

TIRAGE
OPS X2 "BRAS"

PROGRESSION 2Q

Sportif "OPS1" allongé

Sportif "OPS2" à la tête

Départ, "OPS1" bras écartés, coudes semi-tendus, en position d'attente

Arrivée, "OPS1" mains vers pieds

(Position de défense basse)

Rapprochez, "tirez fort", revenez, enchainez

AGUERRISSEMENT

Augmentez le rythme, la vitesse et la fluidité du mouvement

10, 20 ,30 mouvements sans repos (novice, aguerri, élite) puissance maximum

Fermez les yeux

Ressentez le mouvement

"Répétez, envoyez"

14
TIP PROTECTION

Progression 3

Postures opérationnelles défensives d'éloignement

Les techniques suivantes trouvent leur place dans la plupart des activités des sportifs opérationnels. Elles activent les chaînes musculaires **d'éloignement** sur des mouvements utiles **d'esquive d'équilibre** et **d'économie du geste.**

La **capacité de coordination induite**, associée à une optimisation du contrôle postural, permet d'échapper à la contrainte, d'éviter le danger et de répondre favorablement aux déstabilisations et sollicitations extérieures.

Vous veillerez le plus souvent possible à exploiter les paramètres sensoriels (la vue, l'ouïe, les récepteurs sensitifs et proprioceptifs) afin d'habituer le corps à des stress réguliers (crashs contrôlés) susceptibles de vous aguerrir.

Ces techniques peuvent être réalisées seul, en binôme ou en groupe. Elles s'intègrent dans une logique de parcours opérationnel.

Les techniques TIP **d'esquive, d'équilibre et d'économie du geste** sont des mouvements instinctifs et indissociables. Nous les retrouvons dans la plupart des activités de combat.

Il y a une raison à cela. Afin de conserver les aptitudes précédentes, votre corps et plus spécifiquement vos **chaînes musculaires postérieures (défensives)** sont sollicités, soit pour bloquer ou contrer une attaque, soit pour fuir et se soustraire à un éventuel danger.

Il existe de nombreuses variantes pour réaliser ces mouvements. Au demeurant, seule la finalité opérationnelle du combat est recherchée : agir intuitivement, s'éloigner discrètement, s'échapper rapidement, se réceptionner, se rattraper, se projeter, se rétablir, s'économiser.

C'est à travers ces différentes actions que le sportif "OPS" inclut dans son conditionnement les Techniques Intensives Physiques suivantes.

Nous vous conseillons de les réaliser en tenant compte de votre niveau de progression, tout en diversifiant les mouvements afin d'accroître votre potentiel d'aguerrissement.

Novice : 1 série de 15 mouvements,
Aguerri : 2 séries de 25 mouvements,
Élite : 3 séries de 35 mouvements.

Le temps de maintien des postures oscille entre 10 et 20 secondes.

Les TIP PROTECTION esquives et équilibre s'enchaînent sur une période de 15 minutes.

ESQUIVE
ÉQUILIBRE
ÉCONOMIE
PROTECTION

ESQUIVE, ÉQUILIBRE, ÉCONOMIE DU GESTE

APTITUDES :

Éviter un coup
Parer une attaque
Se prémunir d'une menace
Protéger un tiers
Progresser dans le vide
Évoluer sans repère
Contourner l'obstacle

ESQUIVE OPS$_1$

PROGRESSION 3A

Position garde debout

Imaginez une attaque décrivant une trajectoire horizontale pour atteindre votre tête

Décalez votre buste en arrière puis sur le côté

(Position d'esquive)

Revenez

"Anticipez, recommencez"

AGUERRISSEMENT

Augmentez le rythme, la vitesse et la fluidité du mouvement

Descendez d'un coup, position accroupie, les deux genoux fléchis

Remontez

"Répétez, envoyez"

ESQUIVE OPS$_2$

PROGRESSION 3B

Position garde debout

Imaginez une attaque décrivant une trajectoire horizontale pour atteindre votre tête

Descendez d'un coup, position trépied, un genou fléchi, l'autre au sol

(Position d'esquive)

Remontez

"Anticipez, recommencez"

AGUERRISSEMENT

Augmentez le rythme, la vitesse et la fluidité du mouvement

Descendez d'un coup, position accroupie sur une jambe

(avec puis sans l'aide des bras)

Remontez

Fermez les yeux

Ressentez le mouvement

"Répétez, envoyez"

ESQUIVE OPS$_3$

PROGRESSION 3C

Position garde debout

Imaginez une attaque décrivant une trajectoire horizontale pour atteindre votre tête

Descendez en arrière les bras tendus dans le dos, position de réception les mains écartées

(Position d'esquive)

"Anticipez, recommencez"

AGUERRISSEMENT

Augmentez le rythme, la vitesse et la fluidité du mouvement

Éloignez-vous en arrière sur vos coudes, jambes mortes

Fermez les yeux

Ressentez le mouvement

"Répétez, envoyez"

ESQUIVE OPS$_4$

PROGRESSION 3D

Position garde debout

Imaginez une attaque décrivant une trajectoire horizontale pour atteindre vos pieds

Sautez en l'air, position de réception accroupie

(Position d'esquive)

Descendez

"Anticipez, recommencez"

AGUERRISSEMENT

Augmentez le rythme, la vitesse et la fluidité du mouvement

Ajoutez une charge progressive dans le dos

Fermez les yeux

Ressentez le mouvement

"Répétez, envoyez"

ÉQUILIBRE

PROGRESSION 3E

Position assise

En équilibre sur les fesses,
un genou tendu, l'autre fléchi

Posez le ballon sur le côté droit
puis sur le côté gauche

(Position garde au sol)

"Alternez, recommencez"

AGUERRISSEMENT

Augmentez le rythme, la vitesse
et la fluidité du mouvement

Penchez-vous en arrière

Ajoutez une charge progressive dans le dos

Fermez les yeux

Ressentez le mouvement

"Répétez, envoyez"

ÉQUILIBRE

PROGRESSION 3F

Position sur le ventre

En équilibre sur une main, les jambes et bras tendus

Posez une main sur le ballon, décollez l'autre main du sol

(Position de réception)

Tenez la position

Reposez la main libre

"Alternez, recommencez"

AGUERRISSEMENT

Augmentez le rythme, la vitesse et la fluidité du mouvement

Posez deux mains sur le ballon, maintenez

Décollez vos mains du ballon

Réceptionnez-vous au sol

Reposez les mains sur le ballon

"Répétez, envoyez"

ÉQUILIBRE

PROGRESSION 3G

Position debout

En équilibre sur une jambe

Posez l'autre jambe sur le ballon

Fléchissez les jambes

Faites glisser le ballon
sous la jambe en l'air

(Position de réception)

Descendez, remontez

"Alternez, recommencez"

AGUERRISSEMENT

Augmentez le rythme, la vitesse
et la fluidité du mouvement

Posez pointe de pied en charge

**Ajoutez une charge progressive
dans le dos**

Fermez les yeux

Ressentez le mouvement

"Répétez, envoyez"

ÉCONOMIE

PROGRESSION 3H

Position semi-assise

En charge sur une jambe, les fesses dans le vide

(Position de retrait)

Tenez sans relâche

Soufflez

Alternez

"Recommencez"

AGUERRISSEMENT

Augmentez le rythme, la vitesse et la fluidité du mouvement

Descendez les fesses vers le sol, tenez sans relâche, remontez

Fermez les yeux

Ressentez le mouvement

"Répétez, envoyez"

ÉCONOMIE

PROGRESSION 3I

Position debout

En équilibre sur une jambe

(Position de corps à corps)

Frappez le sac avec le genou sans relâche

Soufflez

"Alternez, recommencez"

AGUERRISSEMENT

Augmentez le rythme, la vitesse et la fluidité du mouvement

Frappez le sac avec le pied

sans relâche

Soufflez

Ajoutez une charge progressive dans le dos

Fermez les yeux

Ressentez le mouvement

"Répétez, envoyez"

ÉCONOMIE

PROGRESSION 3J

Position debout

En charge sur deux jambes

(Position porté pompier)

Soutenez sans relâche

Soufflez

"Recommencez"

AGUERRISSEMENT

Augmentez le rythme, la vitesse et la fluidité du mouvement

Alternez course, marche

"Répétez, envoyez"

ÉCONOMIE

PROGRESSION 3K

Position assise

En décharge sur les deux jambes

(Position d'esquive)

Soulevez sans relâche

soufflez

"Recommencez"

AGUERRISSEMENT

Augmentez le temps

Ajoutez une charge progressive

Fermez les yeux

"Répétez, envoyez"

15

TIP MOBILITÉ

Progression 4

Extraction psychique et physique

Les techniques suivantes trouvent leur place dans la plupart des activités des sportifs opérationnels. Elles ont pour vocation d'enclencher des **mécanismes de visualisation et de mentalisation** (expériences sensorielles) avant, pendant et après l'action. Elles répondent aux composantes de **préservation du corps et de combativité** lors de l'effort dans une logique de **pratique sportive polyvalente** en osmose avec le **milieu de progression.**

La **capacité de résilience induite**, associée à une optimisation de la **résistance physique et psychique,** permet de systématiser le mouvement par la pensée pour le rendre instinctif, fluide et sans contrainte, quel que soit le milieu d'évolution, quel que soit le niveau de stress.

Vous veillerez le plus souvent possible à exploiter les changements : de postures (debout, assis, allongé) adaptées à vos contraintes emplois ; de milieux (terre, air, mer) ; de repères spatio-temporels, de filières énergétiques (aérobie, anaérobie), enfin de rythmes respiratoires dans le but d'habituer votre corps à des stress réguliers (crashs contrôlés) susceptibles de vous aguerrir. Ces techniques peuvent être réalisées seul, en binôme ou en groupe. Elles s'intègrent dans une logique de parcours opérationnel.

EXTRACTION PSYCHIQUE

La diminution du niveau de stress durant l'action améliore sensiblement l'aptitude du combattant à s'engager sur le terrain et demande **un niveau de conditionnement mental optimum.** D'une part lorsque le sportif "OPS" est conscient et à même de percevoir les sollicitations psychiques auxquelles il peut être exposé dans son quotidien (la concentration intense, le danger potentiel, la

MOBILITÉ
PSYCHIQUE
PHYSIQUE

fatigue, la douleur, la peur...) et, d'autre part, en évaluant l'exigence psychologique nécessaire pour opérer dans l'action (la résilience, la vivacité, le self contrôle, la détermination...).

L'esprit du corps, à travers la visualisation, prend alors toute sa dimension. Les opérationnels parlent de " mise au frigo" avant l'action. C'est un processus long et coûteux en énergie qui débute en amont de l'effort intense, la plupart du temps à l'écart, souvent en groupe, en interpénétration, et en silence. Cet instant tactique vise à caractériser avec précision le déterminisme du geste dans l'action. C'est par exemple la visualisation d'une progression "serpent" pour un groupe d'intervention lors d'un assaut, la dépose en corde lisse pour une escouade de commandos, le "ruban" de la patrouille de France lors de la préparation d'un meeting aérien. Le conditionnement mental est toujours indissociable de l'activité à risque.

LES 3R :
ROC
RAID
RIRE

La réalisation mentale automatisée peut induire des changements physiologiques et/ou comportementaux en conditionnant le corps à réagir de manière appropriée dans l'action. L'activation des aires cérébrales est déclenchée systématiquement en les stimulant par le biais d'images. Il existe une réponse musculaire a minima.

Plus largement, l'usage de l'imagerie mentale chez le combattant semble être un facteur favorable à l'agressivité positive, la combativité et surtout l'anticipation. *Avez-vous déjà imaginé une situation à venir en vous projetant dans l'action avant qu'elle ne se produise* ? Vous serez alors surpris de constater que votre imaginaire n'est souvent pas loin de la réalité.

Dans les chapitres précédents *Choc et Protection,* nous venons de voir à quel point les sens, et plus particulièrement l'absence de sens, améliorent significativement la capacité d'un individu à s'adapter à l'environnement et, de fait, à s'aguerrir. Nous allons maintenant envisager **trois types de Réactions de conditionnement psychique**, **Roc-Raid-Rire**, **les 3R**, avant, pendant et après l'action, afin de vous familiariser avec les techniques de visualisation et d'ouvrir votre esprit à l'engagement . Il importe de pratiquer ces techniques le plus souvent possible.

En vous inspirant de ces exercices de simulation mentale, c'est à vous maintenant d'imaginer dans votre quotidien des situations spécifiques liées à vos activités.

CONDITIONNEMENT PSYCHIQUE : AVANT L'ACTION

Simulation 1

C'est le jour J, vous vous présentez à des tests de sélections physiques. Le niveau de stress est au maximum, l'enjeu est important, vous n'avez qu'un seul but : réussir. C'est votre tour, l'instructeur vous appelle : observez.

Pré-requis

Mise en condition : l'objectif est de vous préparer à l'effort intense en mobilisant toute votre énergie positive. Tout est fixé sur l'action à venir. Attention l'échec n'est pas envisagé. Vous optez pour une posture identique à celle que vous allez prendre le jour de l'épreuve. L'exercice **ROC** peut maintenant débuter. Fermez les yeux, concentrez-vous.

Relatez

Je me présente debout, sans bouger. Mes yeux sont fermés. J'intensifie le poids du corps sur ma jambe droite puis sur la gauche, je visualise mon transfert de charge, puis je trouve un point d'équilibre qui est le mien, je suis en accord avec cette sensation. Lorsque je suis sur ce point, je souffle profondément plusieurs fois et je me concentre sur le reste de mon corps. Mes bras sont pendants le long des cuisses, je cherche à les allonger vers le sol pour les grandir, mon menton se soulève, mes yeux se fixent sur la paroi. Je ressens déjà les bienfaits de cette position. Je suis détendu, calme, alerte. Je suis prêt. Je respire lentement.

Observez

"TOP" les yeux fermés, je visualise maintenant le mur que je dois escalader, je ressens l'effort à fournir. J'augmente le rythme respiratoire, en fin de cycle je garde l'air, une apnée de quelques secondes, puis je souffle à nouveau profondément. Je me concentre, je suis déterminé à agir. Je visualise : "la bonne prise au bon moment, en une seule fois". Je m'approche du mur, je lève la tête, je mesure l'enjeu.

Connectez

"TOP" les yeux fermés, je me connecte au "mur", je me sécurise. Ma main vient toucher le revêtement et sentir la première prise. Mes doigts s'enroulent puis se fixent. "TOP" je suis dedans, mes jambes se soulèvent, mon regard cherche la prochaine prise, je l'attrape, mon corps se déplie, mes membres s'allongent. Le vide progresse, c'est un enchaînement de mouvements que je connais, répétés sans cesse, il n'y a aucune appréhension, juste de la concentration et de la détermination. Une pause je respire profondément sans couper le rythme puis j'envisage la sortie. "TOP" je suis en haut, la lumière, l'air, la chaleur de mon corps. Les épreuves se poursuivent, il faut vite redescendre.

Quelques minutes.

Objectifs :

- renforcer la confiance ;
- être prêt le jour J ;
- anticiper l'action ;
- analyser sa trajectoire.

CONDITIONNEMENT PSYCHIQUE : PENDANT L'ACTION

Simulation 2

C'est le moment d'intervenir, des heures de répétitions, enfin l'action. Le niveau de stress est au maximum, il n'y a pas de place pour l'échec. Votre vie et celle de votre binôme sont engagées. La porte s'ouvre, vous intervenez.

Pré-requis

Mise en condition : l'objectif est de maintenir la pression en mobilisant toute votre énergie positive dans l'action. Vous adoptez une posture identique à celle que vous allez prendre le jour de l'intervention. L'exercice **RAID** peut maintenant débuter.

Rassemblez

Je suis debout penché en avant. Mes yeux sont fermés. Je visualise mon environnement. Je respire de manière ample. Je regroupe mon corps, mes épaules se resserrent, mes bras s'allongent, mon regard se fixe sur la zone cible. J'imagine ma trajectoire, elle fait partie de moi. Mon corps se profile. C'est maintenant.

Activez

Au "TOP", j'enclenche d'un bloc la vitesse d'action. Je suis dans l'action, les habitudes reviennent. Je connais le point d'impact. Mes muscles s'activent. Je suis léger, dynamique, robuste. Je suis en mode automatique. J'engage.

Intervenez

"TOP" je rentre dans la zone, je progresse, j'analyse, je cherche. Ma respiration est courte, mes doigts prolongent mes yeux, tout se déroule normalement. "TOP" mes sens sont en éveil maximum. Je perçois le moindre bruit, le moindre souffle, le moindre mouvement. Mes forces sont plus que vives. Une succession de pas, calés sur ma respiration. Je suis en mode "félin." J'actionne.

Décuplez

"TOP" je trouve, je percute, je maîtrise, j'avertis, j'enchaîne, je sécurise. Je suis dans la zone. "TOP" je m'arrache, je me replie, je m'extrais. "TOP" je rejoins la vie, je me protège, je respire. La situation est sous contrôle. Je suis hors zone, à couvert.

Quelques secondes.

Objectifs :

- renforcer la technique ;
- renforcer la tactique ;
- renforcer l'éveil ;
- **trouver sa trajectoire.**

CONDITIONNEMENT PSYCHIQUE : APRÈS L'ACTION

Simulation 3

C'est le moment de prendre du recul. Vous avez donné. Vous avez vu. Vous avez cru. Vous vous souvenez. Vous êtes las. C'est normal. Vous avez besoin de décompresser, d'échanger, de vous extraire, de vous rétablir, de retrouver l'équilibre. Prenez le temps.

Pré-requis

Mise en condition : l'objectif est de diminuer la pression physique et psychique en agissant sur une baisse de votre niveau tonique. Vous adoptez une posture de repos assis ou allongé. L'exercice **RIRE** peut maintenant débuter.

Relâchez

Je suis allongé dans l'herbe sur le dos. Mes yeux sont fermés. Je tourne la tête légèrement à droite puis à gauche. Je trouve le point d'équilibre qui me convient. Je garde cette position. Puis j'écarte légèrement les bras, les coudes sont semi-fléchis, les mains sont ouvertes, je trouve la position de moindre tension. Mes jambes sont au repos. Je tourne les pieds en interne, puis en externe. Je trouve la posture de relâchement maximum. Je respire.

Immergez

"TOP" je prends de l'air, j'intensifie mon inspiration et je souffle longtemps, longtemps, pour vider mes poumons, je rentre le ventre. Je recommence quatre fois. "TOP" j'inspire par le nez trois fois puis je souffle, d'un bloc, la bouche ouverte. Le mouvement se répète plusieurs fois. Je respire normalement.

"TOP" je visualise mon corps. Je tourne autour de lui. Je suis une caméra qui le filme. Mon corps est lourd, je m'enfonce progressivement dans l'eau. Mes membres flottent. Je suis immergé.

"TOP" je suis léger, mon corps décolle, je suis en lévitation au-dessus de l'eau. Je reste concentré sur cette sensation nouvelle.

"TOP" je pense à ma famille, aux rires de ma compagne, aux plaisanteries de mes enfants. Je fais le vide. Abstraction totale de l'extérieur. Je respire normalement. Je dors.

Reposez

"TOP" je laisse aller mon esprit, les pérégrinations de ma vie. Il y a aucune contrainte. Mon visage se détend. Mon corps est souple, il ondule. C'est un tourbillon de bonheur. L'air est chaud. Je suis bien.

Expulsez

1, 2, 3 "TOP" j'inspire profondément et je marque une pause de quelques secondes en gardant l'air dans mes poumons. "TOP" J'expulse l'air d'un jet.

"TOP" c'est le moment de revenir, de retrouver la terre, les miens.

Mes yeux s'ouvrent. Je me relève doucement.
Le temps nécessaire.

Objectifs :
- renforcer la vitalité ;
- renforcer l'immunité ;
- renforcer la résilience ;
- renforcer la récupération ;
- **regarder sa trajectoire.**

EXTRACTION PHYSIQUE

Votre corps est corvéable à merci. Encore faut-il vaincre au quotidien l'immobilisme de circonstance !

L'action est incompatible avec le manque d'activité physique et l'inertie mentale. Si *l'ouverture d'esprit n'est pas une fracture du crâne,* l'aguerrissement s'opère toujours en multipliant les expériences sportives. Car la vie, à la différence de la mort, a besoin de mouvements perpétuels. Les effets d'un entraînement, même modéré de 30 minutes ou soutenu de 10 minutes par jour, suffisent déjà à produire sur l'organisme des mécanismes d'adaptation et de réponses à l'effort.

Adopter le bon rythme, diversifier les mouvements, respecter les signes d'alarme du corps - nous voyons encore trop souvent des sportifs reprenant le sport à plus de 40 ans, courir avec une genouillère non fenêtrée, tout en claudiquant... Aucun intérêt ! Suivre les objectifs d'entraînement, courir, nager, grimper, ramer, plonger, etc. sont autant d'actes moteurs que le sportif opérationnel est à même de pratiquer en tout lieu, par tous les temps, en toutes circonstances et durant toute sa vie.

Nous allons maintenant envisager trois modes de conditionnement physique essentiels aux opérationnels pour agir, à travers les **"12 disciplines sportives d'Héraclès"**.

Nous analyserons, pour chacune d'entre elles, les principales contraintes physiques, environnementales et psychiques rencontrées, ainsi que le "gain" obtenu par une pratique assidue et variée.

Il convient de considérer ces disciplines davantage comme des outils de progression, d'attaque et de récupération, à fin d'action (mobilité physique), que comme des vecteurs de performance.

"PROTECTION"
Commandos en mode extraction

CONDITIONNEMENT PHYSIQUE : PROPRE À L'ACTION

Ces quatre disciplines sportives ont en commun de répondre aux besoins de mobilité d'un opérationnel pour rallier un objectif, s'approcher d'une zone hostile, ou s'extraire par la terre et la mer.

C'est le travail musculaire **d'endurance** aérobie qui est utile et nécessaire à distance **de l'action.**

Course à pied

Contraintes physiques	Notre corps est conçu pour parcourir de longues distances. L'homme préhistorique, pour se nourrir et chasser, avait recours à la course à pied. Les facteurs de charge, le poids, les pressions, les vibrations, l'équilibre, la respiration sont autant de contraintes que vous devez prendre en compte dans votre conditionnement.
Contraintes environnementales	La verticalité, la descente, les changements de terrains (sable, rochers, bitume...) le chaussage, la météo, sont des éléments que vous devez appréhender dans votre entraînement.
Contraintes psychiques	La distance, la solitude, la répétitivité sont des facteurs stress indispensables pour progresser.
GAIN-Aguerrissement	2 sorties par semaine de minimum 50 minutes sont recommandées pour maintenir le gain. L'intensification de l'effort par l'augmentation de la distance, du temps de course, du dénivelé positif ou négatif, l'ajout d'une charge additionnelle, sont des facteurs qui prédisposent à l'aguerrissement.

Nage avec palmes

Contraintes physiques	L'homme poisson, pour améliorer sa propulsion dans l'eau sur de longues distances, inventa la palme dès 1662 (Léonard de Vinci). La respiration à l'aide d'un tuba frontal (dissociation respiratoire), la nage sur le dos (approche) ou sur le ventre (discrétion-immersion) sont les seules contraintes que vous devez prendre en compte dans votre conditionnement.
Contraintes environnementales	Elles sont liées au milieu aquatique. L'absence de repères, la météo, les courants sont des éléments que vous devez appréhender dans votre entraînement.
Contraintes psychiques	La distance, la fatigue, la solitude, la répétitivité, le froid, la profondeur sont des facteurs stress indispensables pour progresser.
GAIN-Aguerrissement	2 sorties par semaine de 50 minutes sont recommandées pour maintenir le gain. L'intensification de l'effort par l'augmentation de la distance, du temps de palmage, l'ajout d'une charge additionnelle tractée sont des facteurs qui prédisposent à l'aguerrissement.

Kayak

Contraintes physiques	L'homme de l'arctique (Inuits), pour se nourrir, avait recours à une embarcation pour chasser. La position du dos, l'équilibre (sens de gîte), la manœuvrabilité (esquimautage) sont autant de contraintes que vous devez prendre en compte dans votre conditionnement.
Contraintes environnementales	Elles sont liées au milieu aquatique. L'assise, la météo, les courants, le passage des vagues sont des éléments que vous devez appréhender dans votre entraînement.
Contraintes psychiques	La distance, la solitude, la répétitivité, le froid, le vent, sont des facteurs stress indispensables pour progresser.
GAIN-Aguerrissement	1 sortie par semaine de 2 heures est recommandée pour maintenir le gain. L'intensification de l'effort par l'augmentation de la distance, du temps de pagaie, l'ajout d'une charge additionnelle portée ou tractée, sont des facteurs qui prédisposent à l'aguerrissement.

Ski de randonnée

Contraintes physiques	L'homme scandinave ou chinois, pour se déplacer et chasser sur la neige, inventa il y a plus de 4500 ans le ski. L'équilibre, la coordination, la réactivité sont autant de contraintes que vous devez prendre en compte dans votre conditionnement.
Contraintes environnementales	L'altitude, la verticalité, la pente (déclive, proclive), le chaussage, la météo, sont des éléments que vous devez appréhender dans votre entraînement.
Contraintes psychiques	La distance, la solitude, la répétitivité, le froid sont des facteurs stress indispensables pour progresser.
GAIN-Aguerrissement	1 sortie par semaine de 3 heures est recommandée pour maintenir le gain. L'intensification de l'effort par l'augmentation de la distance, du temps d'ascension, l'ajout d'une charge additionnelle portée ou tractée, sont des facteurs qui prédisposent à l'aguerrissement.

CONDITIONNEMENT PHYSIQUE : DANS L'ACTION

Ces quatre disciplines sportives ont en commun de répondre aux besoins de mobilité d'un opérationnel pour affronter les éléments, s'engager dans l'action, sous stress, au contact de l'air, du vide, et du groupe.

C'est le travail musculaire en **résistance mixte anaérobie et/ou aérobie** associé à **l'explosivité** qui est indispensable en **mode action**.

Parachutisme

Contraintes physiques	L'homme oiseau rêve de voler depuis Icare et plus tard Léonard de Vinci. L'usage du parachute débute en 1800 et devient en 1900 l'apanage des militaires pour larguer des hommes. La gravité et le poids sont autant de contraintes que vous devez prendre en compte dans votre conditionnement.
Contraintes environnementales	L'altitude (hypoxie), la pression, le froid, le vent, la vision, sont des éléments que vous devez appréhender dans votre entraînement.
Contraintes psychiques	La peur, le vide, le risque sont des facteurs stress indispensables pour progresser.
GAIN-Aguerrissement	2 sorties par mois (6 sauts) sont recommandées pour maintenir le gain. L'intensification de l'effort par l'augmentation du nombre de sauts favorise l'anticipation du chuteur, facteur qui prédispose à l'aguerrissement.

Escalade

Contraintes physiques	L'homme vertical envisage son espace d'action au-delà des sommets. L'équilibre, la coordination, la force explosive, les transferts de charges, la souplesse sont autant de contraintes que vous devez prendre en compte dans votre conditionnement.
Contraintes environnementales	L'altitude, la verticalité, la météo, la nature du terrain sont des éléments que vous devez appréhender dans votre entraînement.
Contraintes psychiques	La fatigue, l'appréhension, le risque de chute, la répétitivité, sont des facteurs stress indispensables pour progresser.
GAIN-Aguerrissement	2 sorties par semaine d' 1 heure sont recommandées pour maintenir le gain. L'intensification de l'effort par l'augmentation de l'inclinaison (surplomb) et la distance des prises favorisent l'élargissement du champ visuel, facteur qui prédispose à l'aguerrissement.

Rugby

Contraintes physiques	Notre corps est conçu pour être soumis aux activités guerrières. L'homme du Moyen Âge pour s'affirmer et s'affronter, avait recours à la "soule", ancêtre du rugby. Les transferts de charges, le poids, les pressions, l'équilibre, la vitesse, la respiration sont autant de contraintes que vous devez prendre en compte dans votre conditionnement.
Contraintes environnementales	La nature du terrain, la météo sont des éléments que vous devez appréhender dans votre entraînement.
Contraintes psychiques	La répétitivité, l'engagement, la pression, sont des facteurs stress indispensables pour progresser.
GAIN-Aguerrissement	À disposition. La cohésion, le contact, l'esprit de corps, le respect de l'autre sont des facteurs qui participent à l'aguerrissement.

Sports de combat

Contraintes physiques	L'homme guerrier, pour se défendre en milieu hostile, bien avant Sun Tzu (VIe –Ve siècles avant J.-C.), avait recours aux "arts de la guerre". Les frappes, les saisies, les esquives, les projections, les positions de combat, la respiration, l'équilibre, la vitesse sont autant de contraintes que vous devez prendre en compte dans votre conditionnement.
Contraintes environnementales	Les adversaires, la nature du terrain, les changements de milieux sont des éléments que vous devez appréhender dans votre entraînement.
Contraintes psychiques	La peur, l'anticipation, la répétitivité, l'engagement, la concentration sont des facteurs stress indispensables pour progresser.
GAIN-Aguerrissement	À disposition. La cohésion, l'esprit de corps, l'harmonie, le respect de l'autre, l'intégrité, la persévérance, la constance de pression sont des facteurs qui participent à l'aguerrissement.

CONDITIONNEMENT PHYSIQUE : PROPRE À LA RÉCUPÉRATION

Ces quatre disciplines sportives ont en commun de répondre aux besoins de mobilité d'un opérationnel pour renforcer son équilibre intérieur et extérieur, sa maîtrise de soi, sa respiration.

C'est le travail musculaire **d'endurance aérobie** qui est recommandé tout au long **de l'action**.

Marche

Contraintes physiques	Notre corps est conçu pour parcourir de longues distances à pied. L'homme préhistorique, pour se nourrir et chasser, avait recours à la marche. Les facteurs de charge, le poids, les pressions, l'équilibre, la respiration sont autant de contraintes que vous devez prendre en compte dans votre conditionnement.
Contraintes environnementales	Les changements de terrains (sable, rochers, bitume, neige...), le dénivelé, le chaussage, la météo, sont des éléments que vous devez appréhender dans votre entraînement.
Contraintes psychiques	La distance, la solitude, la répétitivité sont des facteurs de stress indispensables pour progresser.
GAIN-Aguerrissement	2 sorties par semaine de 50 minutes sont recommandées pour maintenir le gain. La lecture du terrain en lien avec la respiration modulée (marche afghane) est un facteur qui prédispose à l'aguerrissement.

Apnée

Contraintes physiques	L'homme préhistorique, pour se nourrir et chasser, avait recours à la chasse sous-marine. La pression hydrostatique, le volume pulmonaire, la fatigue physique sont autant de contraintes que vous devez prendre en compte dans votre conditionnement.
Contraintes environnementales	Elles sont liées au milieu aquatique. Le risque syncopal des 7 mètres, la météo, les courants, le passage des vagues sont des éléments que vous devez appréhender dans votre entraînement.
Contraintes psychiques	La profondeur, le manque d'air, la concentration sont des facteurs stress indispensables pour progresser.
GAIN-Aguerrissement	À disposition. La motivation, la volonté, l'harmonie, la persévérance, la relaxation sont des facteurs qui participent à l'aguerrissement.

Tai-chi-chuan

Contraintes physiques	L'homme philosophe pratique depuis l'époque taoïste la "boxe avec l'ombre" pour ouvrir sa conscience et son esprit sur l'éternel. Les esquives, les parades, les frappes, les saisies prennent une dimension énergétique sans contrainte.
Contraintes environnementales	Aucune
Contraintes psychiques	Aucune
GAIN-Aguerrissement	La ressource est en vous. Une pratique lente, relâchée, harmonieuse participe activement à l'aguerrissement.

Slackline

Contraintes physiques	Notre corps est conçu pour être soumis en permanence aux déséquilibres. Le sixième sens, l'équilibre bipède, nous différencient depuis l'évolution de l'homme des animaux. Les appuis, les transferts de charges, la gravité, la coordination, les latéralités motrices sont autant de contraintes que vous devez prendre en compte dans votre conditionnement.
Contraintes environnementales	La nature du terrain, la hauteur, l'inclinaison, sont des éléments que vous devez appréhender dans votre entraînement.
Contraintes psychiques	La répétitivité, la maîtrise de soi, la concentration, le vide sont des facteurs stress indispensables pour progresser.
GAIN-Aguerrissement	La ressource est en vous. Une pratique lente, relâchée, harmonieuse participe activement à l'aguerrissement.

16 PARCOURS OPÉRATIONNELS

ARRACHER

Parcours opérationnels

Ces parcours sont définis comme des enchaînements de progressions TIP autour de 8 thématiques spécifiques au combat.

Nous distinguons deux types de progressions :

Les postures opérationnelles offensives nécessaires à **l'action.**

Montée en puissance : **action**			
APPROCHE	*RECO*	*RAID*	*ASSAUT*

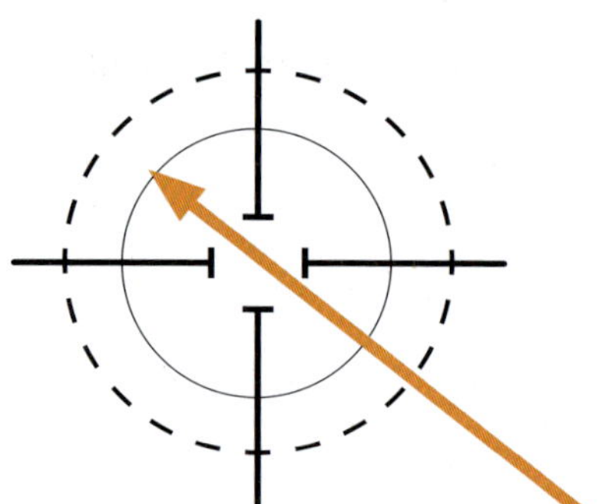

Les postures opérationnelles défensives nécessaires à la **récupération**.

Extraction : **récupération**			
CHUTEUR	*HUMINT*	*EXFILTRE*	*RETEX*

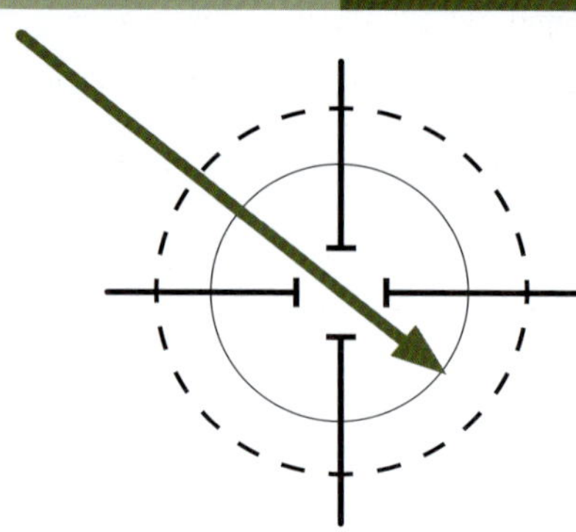

Montée en puissance : **action**

APPROCHE	RECO	RAID	ASSAUT

APPROCHE

Durée 5 minutes	**TIP Échauffement utiles : 1D/1E/1F**
Durée 20 minutes	**TIP CHOC utiles : 2A/2B/2C/2E/2J/2K**
Durée 15 minutes	**TIP PROTECTION utiles : 3C/3E/3F** Progressez, avec les **TIP CHOC et PROTECTION aguerrissement** en tenant compte de votre niveau d'aptitude. Optez pour un rythme rapide.
Durée 50 minutes	**TIP MOBILITÉ PHYSIQUE utiles :** **Course à pied, nage avec palmes, kayak, ski de randonnée.**

TIP MOBILITÉ PHYSIQUE utiles : ***course à pied en tenue OPS***

Semaine 1 et 2
- Endurance 50 minutes (100 à 140 pulsations max)
- marche rapide 500 m
- côtes 5 x 100 m, retour marche (130 à 160 pulsations max, repos 60 secondes)

semaine 3 et 4
- endurance 60 minutes (100 à 140 pulsations max)
- côtes 10 x 100 m, retour marche (130 à 160 pulsations max, repos 60 secondes)
- rapide 3 x 5 minutes, lent 5 minutes

semaine 5 et 6
- endurance 90 minutes (100 à 140 pulsations max)
- côtes 10 x 200 m, retour marche (130 à 160 pulsations max, repos 2 minutes)
- rapide 4 x 5 minutes, lent 5 minutes

semaine 7 et 8
- endurance 120 minutes (100 à 140 pulsations max)
- côtes avec charge progressive (6 à 10 kg) 10 x1 00 m, retour marche (130 à 160 pulsations max, repos 2 minutes)
- rapide 3 x 5 minutes, lent 5 minutes

semaine 9 et 10
- endurance 30 minutes (100 à 140 pulsations max)
- endurance vélo récupération 1 h 30 min (100 à 140 pulsations max)

Montée en puissance : **action**

APPROCHE	RECO	RAID	ASSAUT

RECO

Durée 5 minutes	**TIP Échauffement utiles : 1C/1F/1G**
Durée 20 minutes	**TIP CHOC utiles : 2C/2F/2G/2H/2L/2M**
Durée 15 minutes	**TIP PROTECTION utiles : 3B/3D/3H** Progressez, avec les **TIP CHOC et PROTECTION aguerrissement** en tenant compte de votre niveau d'aptitude. Optez pour un rythme rapide.
	TIP MOBILITÉ PHYSIQUE utiles :
Durée minimum 50 minutes	**Course à pied, nage avec palmes, kayak, ski de randonnée**

TIP MOBILITÉ PHYSIQUE utiles : *Nage avec palmes en tenue OPS*

Semaine 1 et 2
- 400 à 1000 m libre
- 200 m brasse avec ondulation
- 200 m crawl rattrapé
- 400 m crawl /palmes traînantes
- 200 m en ventral ondulation avec palmes et tuba frontal (bras prolongement du corps)
- 5 x 50 m palmes/apnée

Semaine 3 et 4
- 400 à 1000 m libre
- 200 m dos/palmes traînantes
- 200 m crawl rattrapé
- 400 m crawl /palmes traînantes
- 400 m en ventral ondulation avec palmes et tuba frontal (bras prolongement du corps)
- 5 x 50 m palmes/apnée
- 400 m en ondulation dos avec palmes (bras prolongement du corps)

Semaine 5 et 6
- 400 à 1000 m libre
- 200 m dos/palmes traînantes
- 200 m Navy Seals (ou nage indienne, sur le côté) palmes traînantes
- 400 m crawl /palmes traînantes
- 200 m en ventral ondulation avec palmes et tuba frontal (bras prolongement du corps)
- 10 x 50 m palmes/apnée
- 600 m dos avec palmes (bras le long du corps)

Semaine 7 et 8
- 1000 m en ventral ondulation avec palmes et tuba frontal (bras prolongement du corps)
- 10 x 50 m palmes/apnée
- 1000 m dos avec palmes (bras le long du corps)
- 600 m en ventral 45° avec palmes et résistance planche (bras en avant)

Montée en puissance : **action**

APPROCHE	RECO	RAID	ASSAUT

RAID

Durée 5 minutes — **TIP Échauffement utiles : 1B/1C/1E**

Durée 20 minutes — **TIP CHOC utiles : 2G/2H/2I/2E/2J/2K/2N**

Durée 15 minutes — **TIP PROTECTION utiles : 3A/3G/3I/3J**

Progressez, avec les **TIP CHOC et PROTECTION aguerrissement** en tenant compte de votre niveau d'aptitude.
Optez pour un rythme rapide.

TIP MOBILITÉ PHYSIQUE utiles :

À disposition — **Parachutisme, escalade, rugby, sports de combat**

TIP MOBILITÉ PSYCHIQUE utiles : ROC

TIP MOBILITÉ PHYSIQUE utiles : *Escalade en tenue OPS*

Semaine 1 et 2

Sur poutre ou barre fixe :

- suspensions deux bras x 10
- tractions pronation deux bras x 6 (2 à 3 séries)
- blocages intermédiaires deux bras x 10 (2 à 3 séries)
- traction gainage équerre bras tendus x 10 (2 à 3 séries)

Sur espalier, échelle ou corde :

- monter et descendre sans pieds 5m x 5 (2 à 3 séries)
- monter et descendre lentement avec pieds x 10 (5 séries)
- monter et descendre rapidement avec pieds x 10 (5 séries)

Sur bloc artificiel :

- exercices de traversées sur 5 m avec pieds (2 à 3 séries)

Semaine 3 et 4

Sur poutre ou barre fixe :

- suspensions deux bras x20
- tractions pronation deux bras x 15 (2 à 3 séries)
- blocages intermédiaires deux bras x 20 (2 à 3 séries)
- traction gainage équerre bras tendus x 20 (2 à 3 séries)

Sur espalier, échelle ou corde :

- monter et descendre sans pieds 5 m x 10 (2 à 3 séries)
- monter et descendre lentement avec pieds x 10 (10 séries)
- monter et descendre rapidement avec pieds x 10 (10 séries)

Sur bloc artificiel :

- exercices de traversées sur 5 m avec pieds (2 à 3 séries)
- exercices de traversées sur 5 m sans pieds (2 à 3 séries)
- exercices ascension sur 10 m avec pieds (2 à 3 séries)

Semaine 5 et 6

Sur poutre ou barre fixe :

- suspensions deux bras x 20
- suspensions un bras x 10
- tractions pronation deux bras x 20 (2 à 3 séries)
- blocages intermédiaires deux bras x 20 (2 à 3 séries)
- traction gainage équerre bras tendus x 20 (2 à 3 séries)

Sur espalier, échelle ou corde :

- monter et descendre sans pieds 10 m x 5 (2 à 3 séries)
- monter et descendre en double jeté haut
- monter et descendre en double jeté bas

Sur bloc artificiel :

- exercices de traversée sur 10 m avec pieds (2 à 3 séries)
- exercices de traversée sur 5 m sans pieds (2 à 3 séries)
- exercices ascension sur 10 m avec pieds et sécurité (5 séries)

Montée en puissance : **action**

APPROCHE	RECO	RAID	ASSAUT

ASSAUT

Durée 5 minutes — **TIP Échauffement utiles : 1A/1B/1C/1G**

Durée 20 minutes — **TIP CHOC utiles : 2I/2J/2K/2L/2M/2N /2O/2P/2Q**

Durée 15 minutes — **TIP PROTECTION utiles : 3A/3G/3I/3J**

Progressez, avec les **TIP CHOC et PROTECTION aguerrissement** en tenant compte de votre niveau d'aptitude.
Optez pour un rythme très rapide.

TIP MOBILITÉ PHYSIQUE utiles :

À disposition — **Rugby, sports de combat**

TIP MOBILITÉ PSYCHIQUE utiles : RAID

TIP MOBILITÉ PHYSIQUE utiles : *Sports de combat en tenue OPS*

Semaine 1 et 2

Déplacements sur tapis :

- marche sur les genoux 5 x 10m (2 à 3 séries)
- marche 4 pattes frog 5 x 10m (2 à 3 séries)
- marche 4 pattes arrière 5 x1 0m (2 à 3 séries)
- roulade avant épaule 30
- roulade arrière épaule 30

Chutes sur tapis :

- chute avant 10
- chute arrière 20
- chute en pont 10

Techniques bras :

- attaque tête/esquives latérales, bloquez frappez instinct (10 séries)
- attaque tête/esquives arrière, bloquez, tirez, frappez instinct (10 séries)
- attaque tête/esquives latérales, saisissez, projetez (10 séries)

Semaine 3 et 4

Déplacements sur tapis :

- marche un genou au sol 10 x 10m (2 à 3 séries)
- roulade avant épaule 50
- roulade arrière épaule 50

Chutes sur tapis :

- chute avant 20
- chute arrière 30
- chute en pont 10

Techniques jambes :

- attaque jambes/esquives latérales, frappez jambes (20 séries)
- attaque jambes/esquives arrière, frappez buste côté (20 séries)
- attaque jambes/esquives latérales, saisissez, projetez (20 séries)

Semaine 5 et 6

Techniques saisies cou :

- étranglement cou de face/esquive arrière, frappez pique de main, yeux (30 séries)
- étranglement cou arrière/esquive sol, relevez, frappez arrière tête (30 séries)

Techniques saisies ceinture :

- ceinture de face/écrasez talon/pied, esquive arrière frappez pique de main, yeux (30 séries)

Extraction : **récupération**

CHUTEUR	HUMINT	EXFILTRE	RETEX

CHUTEUR

Durée 5 minutes	**TIP Échauffement utiles : 1E/1F/1G**
Durée 20 minutes	**TIP CHOC utiles : 2B/2D/2G/2H**
Durée 15 minutes	**TIP PROTECTION utiles : 3A /3B/3C/3D/3F**
	Récupérez, avec les **TIP CHOC et PROTECTION aguerrissement** en tenant compte de votre niveau d'aptitude. Choisissez un rythme lent.
	TIP MOBILITÉ PHYSIQUE utiles :
À disposition	**Parachutisme, apnée**
	TIP MOBILITÉ PSYCHIQUE utiles : ROC

Extraction : **récupération**

CHUTEUR	HUMINT	EXFILTRE	RETEX

HUMINT

Durée 5 minutes	**TIP Échauffement utiles : 1A/1B/1C**
Durée 20 minutes	**TIP CHOC utiles : 2G/2H/2J**
Durée 15 minutes	**TIP PROTECTION utiles : 3G /3H/3J**
	Récupérez, avec les **TIP CHOC et PROTECTION aguerrissement** en tenant compte de votre niveau d'aptitude. Choisissez un rythme lent.
	TIP MOBILITÉ PHYSIQUE utiles :
À disposition	**Marche, apnée**
	TIP MOBILITÉ PSYCHIQUE utiles : ROC

Extraction : **récupération**

CHUTEUR	HUMINT	EXFILTRE	RETEX

EXFILTRE

Durée 5 minutes	**TIP Échauffement utiles : 1E/1F/1G**
Durée 20 minutes	**TIP CHOC utiles : 2B/2D/2G/2H**
Durée 15 minutes	**TIP PROTECTION utiles : 3E /3G/3H/3J** Récupérez, avec les **TIP CHOC et PROTECTION aguerrissement** en tenant compte de votre niveau d'aptitude. Choisissez un rythme lent.
	TIP MOBILITÉ PHYSIQUE utiles :
À disposition	**Marche,** slackline
	TIP MOBILITÉ PSYCHIQUE utiles : RIRE

Extraction : **récupération**

CHUTEUR	HUMINT	EXFILTRE	RETEX

RETEX

Durée 5 minutes	**TIP Échauffement utiles : 1A/1B/1C**
Durée 20 minutes	**TIP CHOC utiles : 2E/2F/2N/2O**
Durée 15 minutes	**TIP PROTECTION utiles : 3G /3H/3I/3K** Récupérez, avec les **TIP CHOC et PROTECTION aguerrissement** en tenant compte de votre niveau d'aptitude. Choisissez un rythme lent.
	TIP MOBILITÉ PHYSIQUE utiles :
À disposition	**Slackline, taichi-chuan**
	TIP MOBILITÉ PSYCHIQUE utiles : RIRE

CONCLUSION BIBLIOGRAPHIE

Les idées passent, les grenouilles restent

Jean ROSTAND
Biologiste (1894-1977)

CONCLUSION

Dans notre société, l'optimisation des performances humaines est une course effrénée vers la compétition, la réussite, la victoire ! Une réalité pour certains, un mirage pour d'autres. Mais l'essence même de l'action et du sport est avant tout la santé physique et psychique.

Cet ouvrage est une modeste contribution à une discipline reconnue dans le monde des opérationnels : les facteurs humains. Nous nous sommes intéressés à ces hommes d'action, sous l'angle particulier du conditionnement physique à travers : la force physique et mentale, la prévention des risques, l'adaptation aux environnements dangereux, la nutrition, la récupération...

L'harmonie sportive existe : *un esprit sain dans un corps sain* ! L'homme opérationnel, pour survivre dans un univers hostile, a la capacité de s'économiser dans l'effort et durer, de répondre aux sollicitations et agir, et enfin de s'armer de patience pour œuvrer. Il est inventif, créatif et curieux de son corps. Il doit être *courageux*, *indulgent*, *résistant* et *philosophe* dans l'action.

Nous avons choisi de vous apporter un éclairage différent quant à votre préparation sportive, peut-être parfois en décalage avec vos pratiques, mais toujours dans le but de vous pousser dans vos retranchements, en intégrant à votre entraînement les paramètres liés au stress du combat, à la stratégie de l'effort et à l'aptitude à l'aguerrissement.

Le *maître d'œuvre c'est vous*, bâtisseur d'énergies porteuses de vie.

Nous espérons que ce cheminement sportif vers la sagesse contribuera le moment venu à votre bien-être dans l'action.

Finalement, être conditionné, n'est-ce pas tout simplement savoir-faire face au hasard ?

Tenez bon et gardez le cap !

L'homme est ce qu'il fait ! **André Malraux**

BIBLIOGRAPHIE AUTEUR

Poujade M. "Army fitness" et kinésithérapie du sport à l'origine de l'entraînement physique. Kiné actu Septembre 2012

Poujade M. Lombalgie du militaire et éducation thérapeutique : le DOS-sIER système. Kiné actu, mai 2012

Poujade M. Army physical fitness et mise en condition opérationnelle du combattant : emploi du physiothérapeute. Kinésithérapie scientifique, février 2012

Poujade M. Lombalgie du militaire et éducation thérapeutique (ETP) : une arme dissuasive ? Kinésithérapie scientifique 2011; 518:5-12.

Poujade M. Kinésithérapeute, physiothérapeute ou physical therapist des forces armées. Kinésithérapie scientifique 2010; 510:44-49.

Poujade M. Etre kinésithérapeute militaire. Actu santé 2010;117:20.

Poujade M. Sainte-Anne évalue les nageurs de combat. Actu santé 2009;114:22-23.

BIBLIOGRAPHIE

[1] Jouanin JC. *Le surmenage physique dans l'entraînement militaire.* NATO/OTAN, RTO-MP-HFM-151 2009;7:1, 7-5.

[2] Army fitness manual Force Canada. Commandement de la force terrestre, 2005.

[3] Ord R. Guide to the warrior athlete, 2009.

[4] Rowe P. *Pour des militaires forts et en santé.* La Feuille d'Érable 2004 ; Juill:5.

[5] Minden M. *Armée de physiothérapie*. JR Army Med Corps 2002 ; 148 : 294-5.

[6] Teyhen DS. *Physical therapy in a peacekeeping operation: operation joint.* Endeavor: operation Joint Guard. Mil Med 1999;164(8):590-4.

[7] Gruhn J, Leggat P, Muller R. *Injuries presenting to army physiotherapy in north Queensland,* Australia. Mil Med 1999;164(2):145-52.

[8] Bares C, Canavy E, Montmayeur P, Franchini P, Saget P, Le Page P. *Suivi de l'entraînement physique d'un cours d'élèves de nageurs de combat et de plongeurs-démineurs à l'école de plongée de la Marine Nationale.* Médecine et Armées 1989;17(5):383-9.

[9] Trousset A, Meliet JL, Multon E. *Problèmes médicaux soulevés par la pratique opérationnelle du parachutisme et de la plongée sous-marine au sein d'une unité de nageurs de combat de la Marine Nationale.* Médecine et Armées 1982;10(3):217-26.

[10] Wolfgang Decker, Thuillier Jean-Paul, *Le sport dans l'antiquité,* Éditions Picard, collection Antiova, 2004.

[11] Le Gallais, Millet Grégoire, *La préparation physique : optimisation et limites de la performance sportive,*Éditions Masson, 2007.

[12] US Army Fitness Training Handbook (Department of the Army), The Lyons Press, 2003

[13] US Army Physical Readiness Training Manual (Department of the Army), Skyhorse publishing, 2012.

[14] Guezennec CY, Blin P, Nouveau A et al. *État de santé dans un échantillon de la population militaire et relation avec l'activité physique et sportive.* Médecine et Armées 1997 ; 25 (2) : 147-54

[15] Lincoln AE, Smith GS, Amoroso PJ. Bell NS. *The natural history and risk factors of musculoskeletal conditions resulting in disability among US Army personnel.* Work 2002 ; 18 : 99-113.

[16] Berger F, Verret C, Haus-Cheymol R, et al. *Coups de chaleur d'exercice dans les armées. Résultats de la surveillance épidémiologique.* Années 2005-2007, rapport n° 233/EVDG/DESPN. 2008.

[17] Strowbridge NF, Burgess KR. *Sports and training injuries in British soldiers : the Colchester Garrison Sports Injury and Rehabilitation Centre.* JR Army Med Corps 2002 ; 148 : 236-43.

[18] Coris EE, Ramirez AM, Van Durme DJ. *Heat illness in athletes : the dangerous combination of heat, humidity and exercice.* Sports Med 2004 ; 3' : 9-16.

[19] Nicolas G, Potiron-Josse M, Ginet JD. *La mort subite du sportif.* Science et sport 1986 ; 1 : 315-20.

[20] Diagnoses of overweight/obesity, active component, US Armed Forces 1998-2008. Médical Surveillance Monthly Reportb2009 ; vol 16 : 2-7.

[21] Andreelli F. *Obésité et surpoids sont-ils des facteurs de risque ?* Réalités en nutrition 2009 ; 17 : 14-21.

[22] Lapeyre E, Damiano J, Géraut L et al. Lombalgies : *incidence et prévention des lombalgies en milieu militaire.* Médecine et Armées 2009 ; 37(5):419-434.

[23] Thurin JM. *Mécanismes d'ajustement au stress.* Encycl Méd Chir (Elsevier Masson SAS, Paris) Psychiatrie. 37-400-C-20.

[24] Vallet D Guiraudet, Santa Marina O. *La blessure psychique, redoublement du psychotrauma.* Revue Francophone du Stress et du Trauma 2008 ; 8 (4) : 229-35.

[24] Clervoy P. Bourdon L, Sicard B. *Evolution du soutien psychologique des forces de l'US ARMY.* Médecine et Armées 2007 ; 35 (4) : 373-6.

[25] Clervoy P. Vautier V. *Le soutien psychologique des forces en opération. Diversité des approches au sein de l'OTAN.* Médecine et Armées 2009 ; 37 (2) : 111-4.

[26] Helmus TC, Glenn RW. *Steeling the mind. Combat stress reactions and their implications for urban warfare.* RAND corporation, 2005.

[27] Goulet C. Module d'apprentissage : *la prévention des traumatismes adaptés aux activités récréatives et sportives. Définitions, concepts et stratégie d'intervention.* In : Secrétariat au loisir et au sport Quebec ; 2000.

[28] Goodall R. Injury prevention : *Physical training in the Australian Army.* Australian Defense Force Journal 2004 ; 165 : 49 -63.

[29] Cravic JY, Banzet S. *La prévention des risques liés à la préparation physique du militaire.* Médecine et Armées 2009 ; 37 (5) : 465-488.

[30] Bigard AX, Koulmann N, Sanchez H, Birot O, Serrurier B. *Données récentes sur les réponses du muscle à l'entraînement physique.* Médecine et Armées 2002 ; 30 (5) : 439-447.

[31] Jouanin JC, Perreaut-Pierre E, Mathieu JC et al. *Aspects physiologiques de la récupération.* Médecine et Armées 2002 ; 30 (5) : 455-460.

[32] Perreaut-Pierre E. *Comprendre et pratiquer les techniques d'optimisation du Potentiel (TOP).* InterEditions, 29 Aout 2012.

[33] Wilmore JH, Costill DL, Larry Kenney W ; *Physiologie du sport et de l'exercice.* Traduction de la 4° édition américaine. Sciences et pratique du sport. De boeck.

[34] Monod H, Flandrois R, Vandewalle H. *Physiologie du sport. Bases physiologiques des activités sportives.* 6° édition. Masson.

[35] Lerwill S. Royal Marines Fitness. *Physical training manual.* Haynes JH and col .2009.

[36] Murphy S. *The official British Army fitness guide.* Guardian Books 2009.

[37] Smith S. *The complete guide to navy seal fitness,* 3° edition. Hatherleigh Press. 2008.

[38] Divine M. *8 weeks to sealfit. A navy seal's guide to unconventional training for physical and mental toughness.* Melia Publishing Services. 2014.